KATE CHARLESWORTH

UNITED QUEERDOM

EIN GRAPHIC MEMOIR

Die Idee zu diesem Buch hatte ich schon vor ein paar Jahren: Wir alle sollten unsere Geschichte kennen. Dies ist heute umso dringlicher, denn angesichts weltweit wachsender Intoleranz dürfen wir uns unser hart erkämpftes Menschenrecht nicht wieder nehmen lassen.

Alle, die dabei waren, werden sich erinnern und stolz auf das Erreichte sein. Sollte dir vieles hiervon neu sein, sei noch gesagt, dass all das erst vor sehr kurzer Zeit stattfand.

Die LGBTQI+-Community ist erstaunlich intersektional, sie wächst und verändert sich ständig. Falls hier Gruppen, Themen, Held*innen, Bösewicht*innen, Fakten oder Personen fehlen, bitte ich um Entschuldigung. Alle zu berücksichtigen ist unmöglich. Diese Geschichte ist nur eine unzähliger Tausender, gänzlich anderer Erfahrungen. Und doch verbindet uns so viel.

Mögen aus jeder Auslassung neue Erzählungen, Bücher oder Comics entstehen und der liebevolle Umgang miteinander weitergetragen werden.

Dazu noch ein alter Witz:

Womit machen's Lesben?

Mit ihrer Fantasie!

ERLÄUTERUNGEN S. 316

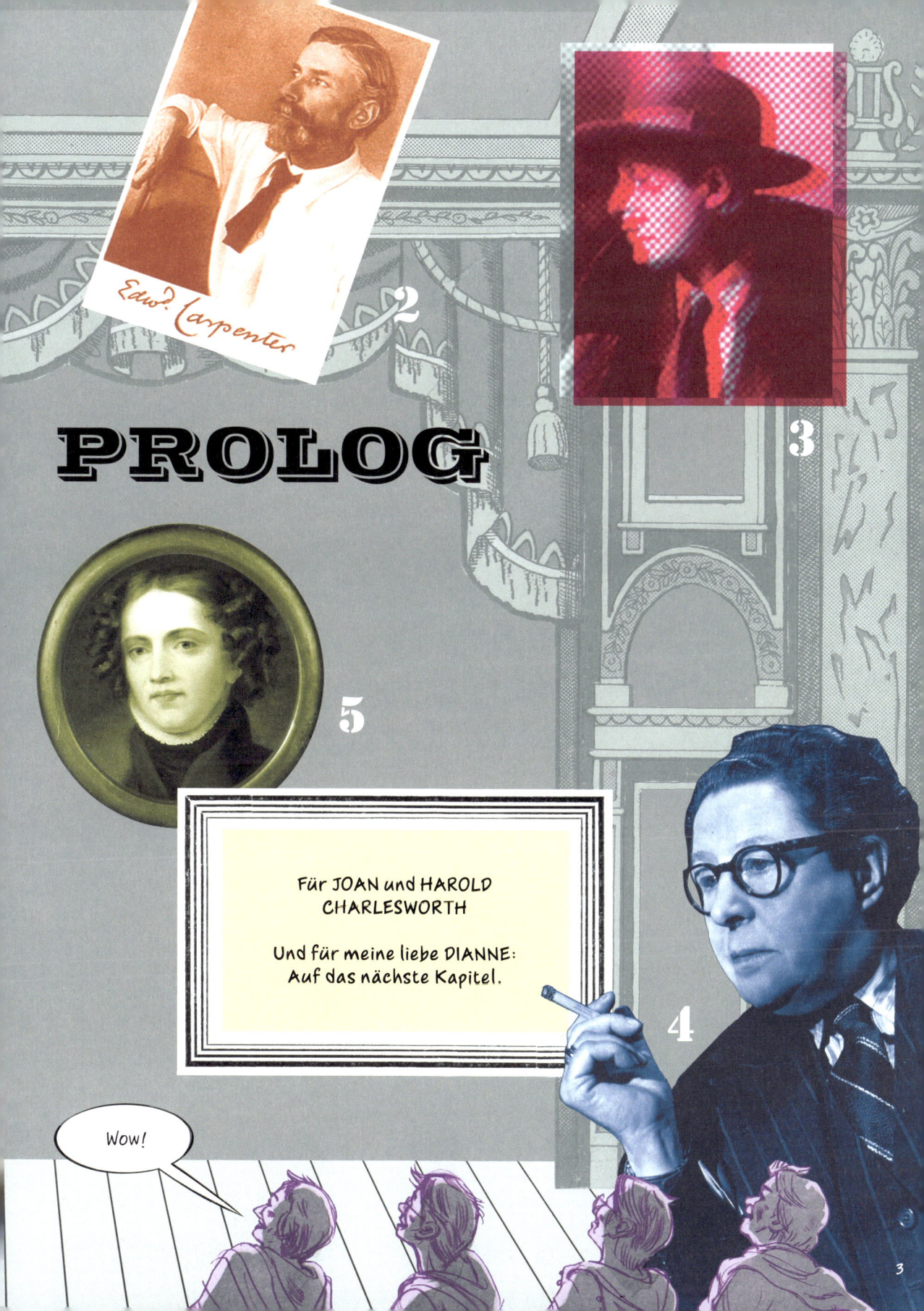

»H.M.S. BIRMINGHAM«

Während des Zweiten Weltkriegs war Dad bei der Marine.

ICH IM DIENST

UNSER »TRIO« IN RIO

»CHARLIE«

1982

Bei der Marine hat dein Vater alles gelernt:

Als du kamst, hatte ...

Kochen, Backen, Nähen, Handwerkeln.

Und dann kam der Laden.

... ich auch endlich was zu tun.

1953 BEFEUERTEN POLIZEI UND POLITIK DIE ALLGEMEINE HYSTERIE MIT DER AUSSAGE, EINE »SODOMIE-EPIDEMIE« FEGE ÜBER DAS LAND HINWEG.

Sir John Gielgud, hochsensibler Darsteller romantischer Rollen (und nach eigener Aussage ein »albernes Ding«, das sich nur für die Arbeit interessiert), ging am 21. Oktober in ein berüchtigtes Cottage in Chelsea.

GENTLEMEN.

Bei dem nicht geouteten Schwulen wohnte sein Geliebter. Dennoch mochte er anonymen Sex mit jungen Männern: cottaging. Dabei trug er eine Mütze zur Tarnung.

Die Überwachung öffentlicher Toiletten — cottages — nahm zu.

Ein verdeckter Ermittler nahm ihn fest. Die Anschuldigung:

Wiederholte unmoralische Belästigung von Männern.

Der *Richter* erkannte Gielguds markante Stimme nicht. Ein *Gerichtsreporter* schon ...

Name? Beruf?

Gielgud, angestellt.

£10 Bußgeld.

Die **Schande** überwältigte ihn fast. Er hatte **riesige Angst**, wieder auf die Bühne zu gehen.

Und gehen Sie schleunigst zum Arzt!

Schwule fürchteten Folgen.

Er hat uns alles verdorben!

Doch Publikum und Kollegen zeigten sich sehr verständnisvoll.

Ach, Johnny! Das war saudumm von dir!

FREDERICK ASHTON, CHOREOGRAF

DAME SYBIL THORNDIKE

Es endete trotzdem mit einem **Zusammenbruch**. Gielguds Karriere ging weiter, doch er sprach nie über den Vorfall und vermisste die alte Zeit *im Verborgenen*.

DER FALL MONTAGU

Nach einer Reihe von Vorkommnissen mit einem Royal Air Force-Techniker, einem Pfadfinder und unrechtmäßigen Festnahmen setzte eine grausame Hexenjagd ein. Die Paranoia des Kalten Krieges kulminierte. Teil des Vorgehens der Regierung gegen Homosexuelle war die öffentlichkeitswirksame Verurteilung von Prominenten.

1954 wurden Lord Montagu of Beaulieu, der Journalist Peter Wildeblood und Michael Pitt-Rivers, Grundbesitzer in Dorset, wegen »einvernehmlicher sexueller Handlungen« verurteilt.

Der Skandal erschütterte das britische Establishment, er galt aber auch als gezielte Verfolgung. Die drei Männer wurden bejubelt, als sie das Gericht verließen.

Die öffentliche Meinung wandelte sich. Das Verfahren und der diesbezügliche Aufschrei (sowie der Umgang mit John Gielgud) bestärkten den Ruf nach einer Gesetzesreform. Dies führte 1957 zum **Wolfenden Report**. 1967 wurde Homosexualität schließlich (mit Einschränkungen) legalisiert.

1955 veröffentlichte der spätere TV-Produzent, Autor und Aktivist Peter Wildeblood seine Erlebnisse und forderte Gefängnis- und Gesetzesreformen.

»Der Himmel über Chelsea war schwarz — alle verbrannten ihre Liebesbriefe.«

2007 äußerte sich der 80-jährige Lord Montagu zu dem Vorfall. Stets mit seiner Bisexualität im Reinen (er war zweimal verheiratet) gab er zu, »ein wenig stolz« auf seinen Anteil am Ringen um die Entkriminalisierung zu sein. Und:

Es wäre wohl angenehmer gewesen, jetzt geboren worden zu sein. Ich hätte mich pudelwohl gefühlt.

1954 - 1959

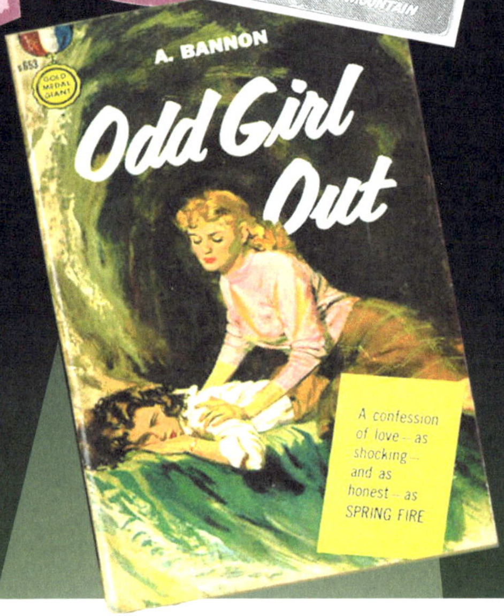

1954 begeht Alan Turing Selbstmord.

1957 erscheint in den USA *Odd Girl Out* von Ann Bannon. Teil 1 der *Beebo Brinker Chronicles* ist »außergewöhnlich gute« Schundliteratur einer Lesbe für Lesben — mit Erotik und vermehrt positiven Plots.

1954 prüft und empfiehlt das **Wolfenden-Komitee** eine Reform der Homosexuellengesetze.

ANDY PANDY MACHTE MICH ZUR FEMINISTIN

ANDY PANDY • TEDDY • LOOBY LOU

In der sich um Andy Pandy und Teddy drehenden Fernsehserie spielte auch die Stoffpuppe Looby Lou mit.

Huh!

Sie wurde nur lebendig, wenn Andy und Teddy nicht da waren.

Das machte mich wütend. Ich hoffte auf ihren Protest.

Doch der blieb aus. Wenn sie die Jungs kommen hörte, gab sie wieder vor, nur eine Puppe zu sein.

Das war so unfair!

1990er

Und so wurde ich zu einer Feministin!

Ach, Kathryn. Was du dir wieder ausdenkst.

Rachel Roberts spielte in zwei Klassikern der **Britsh New Wave**. Beide Male zeichnete man sie mit **BAFTA Awards** aus.

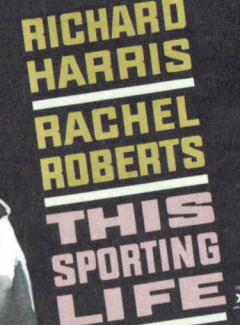

1964 schockiert *Seid nett zu Mr Sloane* — das erste bedeutende Stück des schwulen Autors Joe Orton — das Publikum im West End. Die skandalöse Mischung aus Homosexualität, Tod und Unmoral gewinnt eine Umfrage in der Londoner Kritik als bestes neues Stück.

1965 soll *Das Doppelleben der Sister George* von Frank Marcus eine Farce sein. Das Stück handelt vom Privatleben und Bildschirm-›Tod‹ eines lesbischen Soap-Stars. Mangels ›lesbischen Stoffs‹ hält man Sister George unweigerlich für eine tiefgreifende Studie lesbischen Lebens.

1963 ist die *Minorities Research Group* die erste Vereinigung, die offen für die Interessen britischer Lesben eintritt. **Arena Three** ist ihr monatlich erscheinendes Magazin.

1964 gründet Alan Horsfall (1927–2012) das **North-Western Homosexual Law Reform Committee**. Laut Peter Tatchell ist er »einer der wahrhaft großen Pioniere der LGBT-Gleichberechtigung in Großbritannien«.

1960 unterzieht April Ashley (1935–2021) sich einer Geschlechtsangleichung, sex change genannt.

1961 wird das erfolgreiche Model gegenüber der Boulevardpresse geoutet. 2012 erhält sie den **Order of the British Empire** für ihre Mitwirkung an der Gleichberechtigung für trans*Personen.

COMPY

IMMER DIENSTAGS, Preis 4 Pence

Kate ist aus ihrer Schule raus und will zur Compy – wie geht's aus?

(Sie hätt' gekonnt zur Barnsley High, wo Mädchen unter sich und frei.)

Ferien? Sie hat Krawatte an! Die Mutter schimpft: »Mach bloß nix dran!«

Sie geht zu Fuß. Wird sie so dünner?

Iwo – zu Haus' wartet schon das Dinner.

* Kurzform von *Comprehensive School* (ugf. Gesamtschule), Referenz zur Bunty

"DIE WERDEN WOHL NICHT MEHR TROCKEN UND ..."

"SIE VIELLEICHT KRANK!"

"SORRY."

"AHA? ES TUT DIR ALSO LEID?"

"MAG JA SEIN."

"FÜNF HAUSPUNKTE ABZUG."
"ANZIEHEN."

Ziege.
"HAHA!"

In Sport war Kathryn nicht besonders gut.

Bully Burkinshaw hat ihr das Spielen gründlich verdorben. Somit blieb ihr eine ganze lesbische Subkultur verschlossen.
"SCHNIEF."

(Natürlich abgesehen von einem zwanghaften Frauentennis-Konsum.) Frauenfußball. Softball und Rugby.
Schlammcatchen.

Einiges davon hätte ihr sogar gefallen.
"NA UND."
"WERD ICH HALT SALONLÖWIN, WENN ICH GROSS BIN."

KATIE'S TEEN WARDROBE

Kate wurde erst viel, viel später zur Salonlöwin. Bis dahin trug sie zumeist das hier, bis sie schwarze Rollkragenpullover entdeckte.

OJE!

VERHASSTE HOCKEYKLUFT. EIN GEFÄHRLICHES SPIEL, DAS KEINESWEGS DIE PERSÖNLICHKEIT FORMT.

ABENDOUTFIT ZUM PLÜNDERN DER SÜSSWAREN IM LADEN. SIEHE OUTFIT DARUNTER.

FLIPPIGE BRILLE IN HOLZOPTIK

WINTERUNIFORM DER SCHULE. ICH HATTE KÖNIGSBLAU DANN ETWAS ÜBER.

ANTI-SCHWABBEL-MIEDER UND -BADEANZUG, EXTRA FEST.

UNSEXY UND VERHASST: STRUMPFHALTER MIT STRÜMPFEN (PRÄ-STRUMPFHOSEN-ÄRA).

SIPPENFÜHRERIN: ABZEICHEN. GÜRTEL. PFEIFE, MESSER, BUNTE HÄNGEDINGER. ALLES GANZ GROSSARTIG.

BIS AUF DIE WIE EIN DAMENHYGIENEPRODUKT AUSSEHENDE KRAWATTE.

SCHNITTMUSTER-SCHÜRZENKLEID ›FÜR FÜLLIGERE TEENS‹

SAMSTAG

1964

Mit Schirm, Charme und Melone vermöbelten der smarte **John Steed** und die aufregende **Mrs Gale** in ihrem tollen Leder-Outfit jeden Samstag irgendwelche Typen.

Wir liebten es. Die BDSM-Anklänge gingen natürlich an uns vorbei.

Und dann war sie weg. Aber ihr Ersatz war auch ziemlich aufregend.

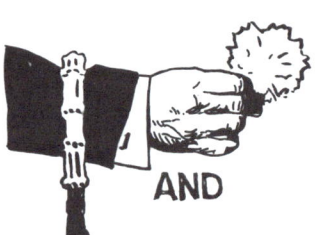

1965

„Achtung! Sie trägt ihren Kampfanzug."

Wen störten lächerliche Plots oder Pappkulissen? Es war weltläufig, witzig und überdreht — camp.

Steed war Gentleman. Es gab kein Geknutsche (oder Schlimmeres), nur leichte Flirts.

Swinging London war da und ...

... Mrs Peel hatte es an.

Das wahre PALARE

ROUND THE HORNE wurde von Barry Took und Marty Feldman (zwei Heteros) geschrieben. Es war bis ins Mark queer.

Die Ex-Tänzer Julian und Sandy (Hugh Paddick und Kenneth Williams) nutzten die schwule Geheimsprache **Palare**.

Palare/Polari kombiniert Wörter aus Jiddisch und Romani, von Kanälen, Zirkus, Theater und Jahrmärkten mit englischem back slang. Die schwule Geheimsprache wurde in Gegenwart feindlich Gesinnter oder Undercover-Cops verwendet.

Einige Aktivisten fanden Palare später herabsetzend. Round the Horne trug ironischerweise zu seinem Rückgang bei, indem es sich dessen Witz zunutze machte. Schritt für Schritt änderte sich die Einstellung der Gesellschaft.

Aber es war camp und witzig — ein Rettungsring für manche und ein einzigartiger Teil schwuler Lebensart.

AJAX	in der Nähe
BARKY	Schiff, Boot
BASKET	Hosenwölbung
BATTS	Schuhe
BIJOU	klein
BOLD	wagemutig
BONA	gut
BONA NOCHY	gute Nacht
BUTCH	maskulin
CAMP	effiminiert
CARTS(O)	Penis
CHICKEN	junger Mann
CHARPER	suchen
COD	schlecht, übel
COTTAGE	öfftl. WC
DOLLY	hübsch, nett
DOOEY	zwei
DRAG	Kleidung
ECAF	Gesicht (face)
EEK	Gesicht (Abk.)
ESONG	Nase
FANTABULOSA	wunderbar
FEELE	Kind
FRUIT	Queen
HANDBAG	Geld
JUBES	Brüste
KARSEY	WC
LALLIES	Beine
LATTY	Haus, Wohnung
LILLS	Hände
LILLY (LAW)	Polizei
LUPPERS	Finger
MINCE	gehen
NAFF	schlecht, trist
NANTE	nicht, nein
NISHTA	nichts, nein
OGLES	Augen
OMI	Mann
OMIPOLONE	Homosexueller
ORBS	Augen
PALLIASS	Rücken
POLARI	plaudern
POLONE	Frau
POTS	Zähne
RIAH	Haare (hair)
RIAH ZHUSHER	Friseur
SHARPY	Polizist
SHUSH BAG	Handtasche
SLAP	Make-up
STRILLERS	Piano
THEWS	Oberschenkel
TRADE	Sex
TRAY	drei
TROLL	gehen
UNA	eins
VADA	sehen
WILLETS	Brüste
ZHOOSH	aufhübschen

1966-1968

1966 beginnt in China Mao Tse-tungs Kulturrevolution. Die bis dato schlimmste Zeit der Verfolgung von LGBT-Menschen in China beginnt.

24. Oktober 1967: Annonce des **NWHLRC** (gegründet von Allan Horsfall) im **Manchester Independent**.

1968: George, der Film.

1967 entkriminalisiert der **Sexual Offences Act** zum Teil Sex zwischen Männern in England und Wales.

1967: Sgt. Pepper

Die Beatles

1966

1967 bringt Ken Halliwell Joe Orton um.

1967 wird der **Abortion Act** verabschiedet, der bis zur 24. Woche Abtreibungen zulässt.

1968 erscheint die Autobiografie von Quentin Crisp, in der er aus seinem Leben als extravaganter Schwuler zur Zeit der Illegalität erzählt.

1966 gründet man die Beaumont Society — Selbsthilfe von und für die Trans*-Community.

Der englische Titel bezieht sich auf seine Arbeit als Aktmodell.

1966 fällt zum ersten Mal das L-Wort in einem Hollywoodfilm.

... EIN GILBERT & SULLIVAN-FAN!

LYCEUM, SHEFFIELD

Dickie organisierte einen Ausflug zu einer *D'Oyly Carte*-Vorführung. Die erste für Olly und mich.

Die *D'Oyly Carte Opera Company* spielte G&S — die Savoy-Opern — ununterbrochen von den 1870ern bis 1982.

Deren Inszenierungen wurden oft — und das nicht ohne Grund — als etwas verstaubt bezeichnet.

Doch unsere Inszenierung von *Die Gondolieri* war brandneu.

Wo sind die schönen Kostüme? Die Schachbrettfliesen?

Das ist so anders!

Wie ...

... grandios!

Wir waren echt angefixt.

JOE & KEN TEIL 2

1967, LONDON: JOE ORTON WAR AM HÖHEPUNKT SEINES SCHAFFENS.

1964 war sein Stück *Seid nett zu Mr Sloane* ein umstrittener Erfolg. Darauf folgte 1966 die Premiere der stark redigierten schwarzen Komödie *Beute* im West End. Von der Kritik gefeiert und mit Preisen bedacht, wurde er ein führender neuer Dramatiker.

Sein Schreibstil war durchtrieben und manieriert und von Haus aus queer. »Ortonesque« steht seitdem für düstere Themen mit schockierenden, oft perversen Zügen.

Ken Halliwell half, Joes Stil zu formen. Gemeinsam schrieben sie mehrere Romane, darunter *The Boy Hairdresser*. Doch während Joes Bekanntheit wuchs, wurde Ken immer mehr an den Rand gedrängt — kreativ wie emotional.

1966 VON KEN HALLIWELL

Joe dokumentierte seine Unzufriedenheit, die sich auflösende Beziehung und seine »dreiste Promiskuität« akribisch in einem Tagebuch.

POSTER BEUTE (LOOT)

1967 überarbeitete er die Werke *The Ruffian on the Stair* und *The Erpingham Camp*, beendete sein drittes bedeutendes Stück *What the Butler Saw* und schrieb *Up Against It* — ein Drehbuch für die *Beatles*, das letztendlich abgelehnt wurde.

Paul McCartney sagte später:

»Es war uns zu schwul. Wir hatten ...

nichts gegen Schwule, nur ...

wir, die *Beatles*, waren's nicht.«

Am 9. August 1967 kam ein Chauffeur: Joe hatte ein Drehbuchtreffen.

Joe und Ken lagen tot in ihrer winzigen Noel-Road-Wohnung. Ken hatte Joes Schädel mit einem Hammer zertrümmert und dann Selbstmord begangen.

Kens Nachricht:

»Lest sein Tagebuch, dann wird alles klar.«

Es war wahrlich ortonesque.

SOMMER 1968, IM YORK MINSTER

EIN TYP

Fliss und ich waren zum Zeichnen hingefahren.

Eines Tages zog ich mich in meine Hütte zurück: als Raupe einer ziemlich besorgten Motte.

Das ist gut.

Danke.

Ab September geh ich zur Kunsthochschule.

Cool.

Wo wohnst du?

Ich trampe so rum.

Hah!

Ich wurde grad angemacht!

Fliss bestimmt nicht!

Und heraus kam wenig später eine ein bisschen weniger pummelige Möchtegernkunststudentin.

Obwohl sich meine Jugend in einer Hütte abgespielt hatte ...

... sah ich dem Umzug in die große Stadt gelassen entgegen.

Wird's Mum und Dad gut gehen?

Und mir?

Fliss und ich wollten zusammen zur Kunsthochschule, aber ...

Ich geh alleine. Fliss muss das letzte Jahr wiederholen.

Bestimmt lande ich in 'ner eisigen Kammer.

Und bestimmt können alle viel besser zeichnen.

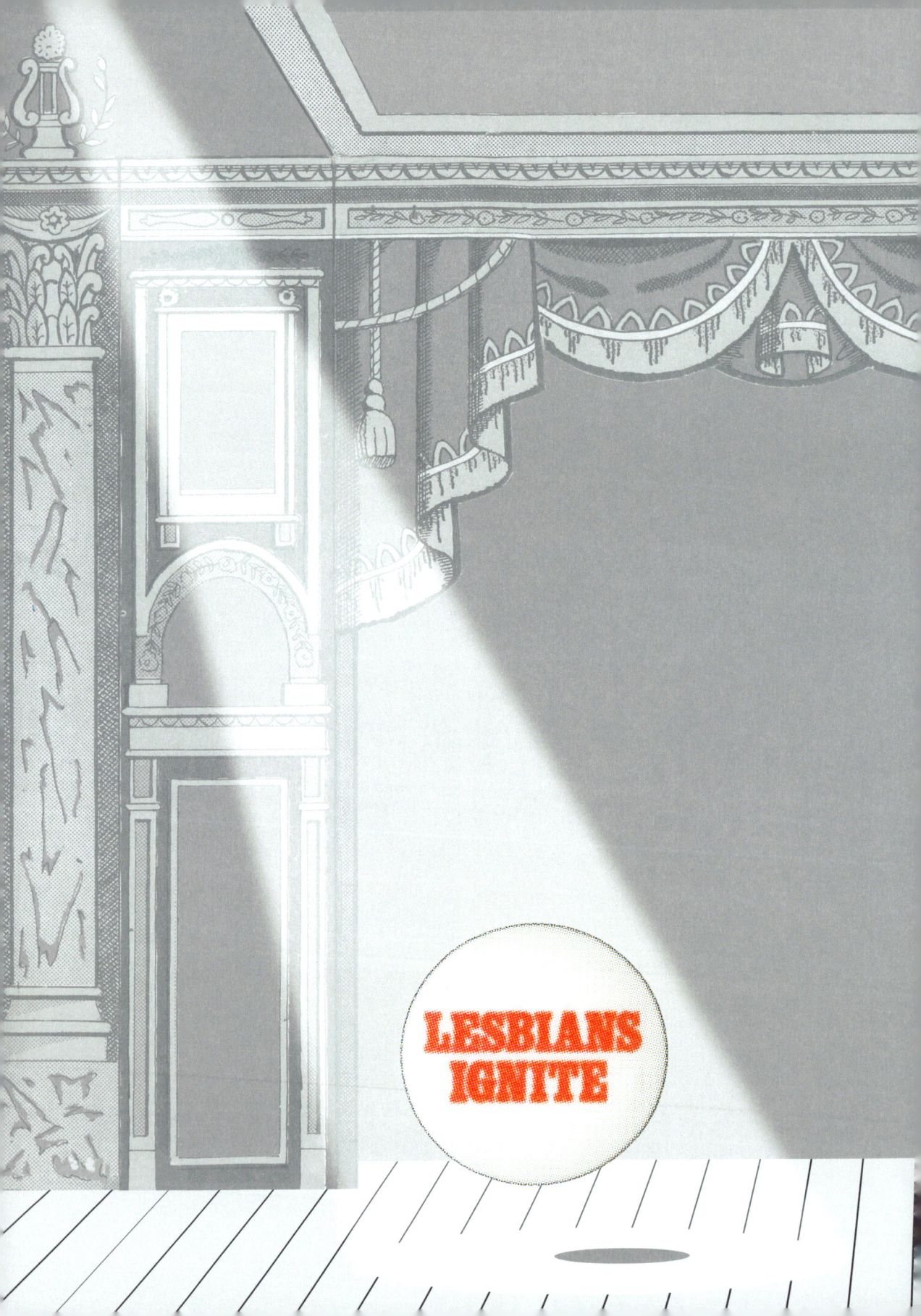

MANCHESTER

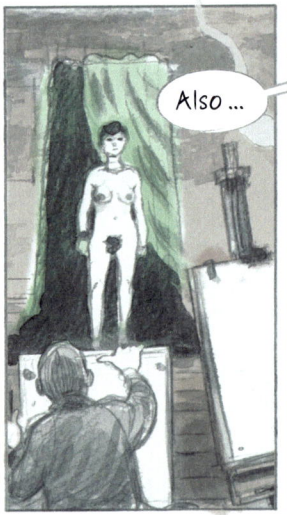

OKTOBER

Sie behielt recht.

Die schwedische Königin Christina lebte jenseits von Konventionen. Sie kleidete und gab sich wie ein Mann.

Im sehr privaten Leben der Garbo gab es Geliebte beider Geschlechter.

Perfektes Casting.

Nacht-Nacht!

Und träum süß!

ZZZZZZZzz

Zu warm.

Muss mich...

... drehen, aber...

... was, wenn ich sie aus Versehen berühre...

PUHHH

... und irgendwas passiert?

Abstand halten!

PHUUURRRR

BALD

Alle Vermieter sind schräg.

Wer an Studis vermietet, muss so sein.

MITBRINGSEL AUS LOURDES

JUNI 1969

Wo wohnen wir dann nächstes Semester?

Oh.

Sorry. Kate, Mensch.

Ich geh zurück nach Newcastle.

Wirst mir echt fehlen.

Hab echt Heimweh, ne?

Aber hab mir was überlegt. Ich hab noch 'ne Freundin in der Grafik!

Noch eine? Wie? Wann? Wer?

Jackie.

Jackie?

Japp.

Genau.

STONEWALL

28. JUNI 1969

IM GREENWICH VILLAGE, NEW YORK

In den frühen Morgenstunden nach der Beerdigung Judy Garlands gab es in einer Bar in der Christopher Street eine Razzia, mit der die Polizei ungewollt eine radikalere Phase der homosexuellen Befreiung anstieß.

Der **Stonewall Inn** zog viele queere Randgruppen an. Obdachlose Straßenkinder, Sexarbeiter, »fluffy sweater« Queens, Barlesben sowie Collegestudenten und Mittelschichtjungs.

Als die Cops auftraten, war die Bar randvoll mit Leuten. Die Gäste — Schwarze, Weiße, Latinos — weigerten sich zu kooperieren.

Vor der Bar versammelten sich Menschen. Die **Village Voice** schrieb:

Die innen Festgesetzten wurden einzeln freigelassen. Auf der Straße bildete sich eine Menschenmenge ... ursprünglich waren das Feiernde, darunter viele Stonewall-Jungs, die nun abwarteten, was passiert.

... verließen Bekannte die Bar, wurde gejubelt. Sie posierten und gingen dann am Polizisten vorbei mit einem »Hallo, mein Junge«.

Die Stimmung kippte, als Transvestiten in den Polizeitransporter verfrachtet wurden (Crossdressing war verboten). Eine Lesbe wollte nicht in den Wagen und rang mit der Polizei. Aufruhr entstand, Rufe gegen Polizeibrutalität wurden laut und — die Menge explodierte.

Zuerst flogen Münzen, dann Dosen und Flaschen auf die Cops.

Die wurden **böse**.

Homos hatten nicht **aufzumucken**.

In dem Moment spürten viele die Jahre der Unterdrückung, Diskriminierung — **Erniedrigung** — kulminieren.

Sonderkommandos kamen. Die Menge formierte sich neu.

Gegenüber dem Einsatzkommando bildete sich eine Reihe. Kickend sangen sie: Ta-ra-ra-Boom-de-ay!

Die Unruhen dauerten **sechs Tage**. In ihrer Folge organisierten sich lokale Lesben und Schwule in aktivistischen Gruppen.

DRAG POWER!

Wir sind die Girls hier, wir tragen unser Haar in lockiger Manier.

GAY POWER!

Wir tragen keine Höschen, wir zeigen unsre Möschen!

Der Aufstand entsetzte viele nicht geoutete und konservative Homosexuelle. Die alteingesessene **Mattachine Society** für schwule Rechte mahnte:

WIR HOMOSEXUELLEN BITTEN UNSERE LEUTE, WEITERHIN ZU RUHE UND FRIEDEN AUF UNSEREN STRASSEN BEIZUTRAGEN – MATTACHINE

In den folgenden Monaten bildeten sich Organisationen für schwul-lesbische Rechte, darunter auch die **Gay Liberation Front, GLF**.

Sie forderten sexuelle Befreiung für alle. Im **Juni 1970** erinnerten erste **Gay-Pride-Demos** in New York, Los Angeles und San Francisco an die Stonewall-Unruhen.

1969 – 1971

1970 trifft sich die britische **GLF** und verfasst das Manifest **Front für die Befreiung Homosexueller**.

1971 stört eine blitzartige Protestaktion den Start der Bewegung *Nationwide Festival of Light* (FOL) in Westminster. Ein Highlight im Wirken der **GLF**, die bis Mitte der 1970er existiert.

Die anglikanisch-christliche **FOL** propagierte »Werte wie Tradition und Familie« und rief gegen die Erstarkung einer »übertoleranten Gesellschaft« auf.

Bei der Versammlung sprechen u. a. Mary Whitehouse von Clean Up TV– eine der Leitfiguren der **FOL** — und **Cliff Richard**, einer ihrer prominenten Unterstützer.

Die Aktion der **GLF** war camp, lustig und laut: falsche Nonnen (der schwule **Python** Graham Chapman sponserte mehrere Kostüme), küssende Lesben, weiße Mäuse und Protestierende in krassem Drag. Die regelwidrige Kleidung sollte stereotypische Rollen parodieren und aufbrechen.

GAY IS GOOD!

DIE FRONT FÜR DIE BEFREIUNG HOMOSEXUELLER FORDERT ...

— dass die Diskriminierung von Homosexuellen — männlichen und weiblichen — durch Gesetz, Arbeitgeber und Gesellschaft aufhört.

— dass alle sich zu einer Person ihres Geschlechts Hingezogene lernen, dass solche Gefühle völlig normal sind.

— dass der schulische Aufklärungsunterricht nicht länger ausschließlich heterosexuell ist.

— dass Psychiater Homosexualität nicht länger als Problem oder Krankheit behandeln und dadurch bei Homosexuellen unnötige Schuldkomplexe verursachen.

— dass Homosexuelle legal auf andere Homosexuelle zugehen dürfen — durch Zeitungsannoncen, auf der Straße und durch andere Mittel ihrer Wahl, so wie Heterosexuelle dies tun, und dass die polizeiliche Drangsalierung sofort aufhört.

— dass Arbeitgeber nicht länger Personen aufgrund ihrer sexuellen Orientierung diskriminieren dürfen.

— dass das Schutzalter für Schwule auf 16 gesenkt wird.

— dass Homosexuelle sich wie Heterosexuelle öffentlich an den Händen halten und küssen dürfen und sie dies auch wagen.

1969 wird CHE gegründet.

1969 wird Scottish Minorities Group gegründet.

MISS TRIAL COMPETITION 1971

1970 werfen Feministinnen bei der Miss World-Wahl Mehltüten. GLF protestiert solidarisch mit.

FEMINISM IS THE RADICAL IDEA THAT WOMEN ARE PEOPLE

1970 stirbt Forster.

1971 erscheint Maurice. Gemäß Forsters Wunsch druckt man den Roman um einen jungen Schwulen erst nach seinem Tod.

ANFANG 1970, GRAFIK IM NEBENGEBÄUDE AM PARK *PICCADILLY GARDENS* IN MANCHESTER

Morgen, die Damen.

GLYNN

Wie läuft's im Bordell?

Pah! Gestern kam der Vermieter gleich mit zwei an.

Frauen!

Nacheinander.

Na, zum Glück.

Das Ekel.

Sein Schlaf- ist über unserem Wohnzimmer!

Schon klar.

Das macht ihn wohl an.

?

Na, dass ihr da unten seid, während er oben Sex hat...

... erregt ihn!

Aber...

... meine Frau sagt, in Chorlton...

... wär was frei.

Ein Bauernhaus...

... am Schrottplatz...

... hinterm Striplokal.

Interesse?

Wir nehmen's!

Germaine Greer, geb. 1939, umstrittene australische Autorin, Akademikerin und Feministin.

In ihrem internationalen Bestseller *Der weibliche Eunuch* (1970) führt sie an, die Gesellschaft zwinge Frauen in unterwürfige Rollen, um männliche Fantasien zu erfüllen.

SEPTEMBER

1964 erschien das von der **Minorities Research Group** (**MRG**, ein bewusst vager Titel) publizierte **Arena Three** zum ersten Mal. Lesben waren zu dieser Zeit quasi unsichtbar. Es war die erste britische, für und von Lesben gemachte Zeitschrift: Esme Langley (Lektorin, Herausgeberin, Naturereignis), Di Chapman, Cynthia Reid und Julia Switsur.

Arena Three nannte als Ziele von **MRG**:

»... die Erforschung des Wesens der Homosexualität, insbesondere der weiblichen. Ebenso die Verbreitung von Informationen und relevanten Aspekten an Universitäten und Instituten, an Sozialarbeiter*innen, Pädagog*innen, Autor*innen, Dichter*innen, Lektor*innen und Arbeitgeber*innen. Kurz gesagt, an alle, denen ernsthaft am Wissen über ›die dunstige Terra incognita weiblicher Homosexualität‹ gelegen ist.«

Mit dem Magazin bildete sich eine kleine Community. **MRG** blickte nach außen (durch Presse- und Medienkommentaren bzw. ihr wissenschaftlich-medizinisches Interesse: Einige Mitglieder waren sogar Teil empirischer Studien), hatte aber auch ein wachsendes Forum von Lesenden und Beitragenden.

Die Suche nach lesbischer Identität war eine unablässige Debatte. Differenzen und Vorurteile wurden ausgetauscht. Oft gab es verschiedene Lager.

Arena Threes Sichtweise schien — besonders anfangs — größtenteils von der Mittelschicht geprägt.

In London fanden **MRG**-Treffen statt. Weitere gab es bald auch außerhalb der Hauptstadt. Doch Magazinherstellung und Gruppentreffen waren sich uneins.

- Eine erlernte Neurose.
- Psychohygiene!
- Ist es heilbar?
- Es ist angeboren.
- Wir müssen das Image von Lesben irgendwie verbessern!
- Ist es unbedingt erforderlich, in Drag zum Treffen zu kommen?
- Gerade wir sollten nicht urteilen!
- Ich will nur Frauen kennenlernen.

MRG und **Arena Three** stellten im März **1972** ihre Arbeit ein.

Nach finanziellen und personellen Querelen spaltete sich 1965 eine Gruppe ab, die nach wie vor prosperiert. **Kenric** will die Isolation bekämpfen und eine soziale Community ausbilden. Siehe kenriclesbians.org.uk.

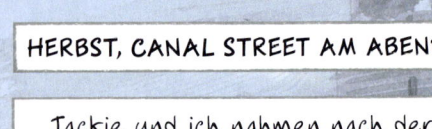

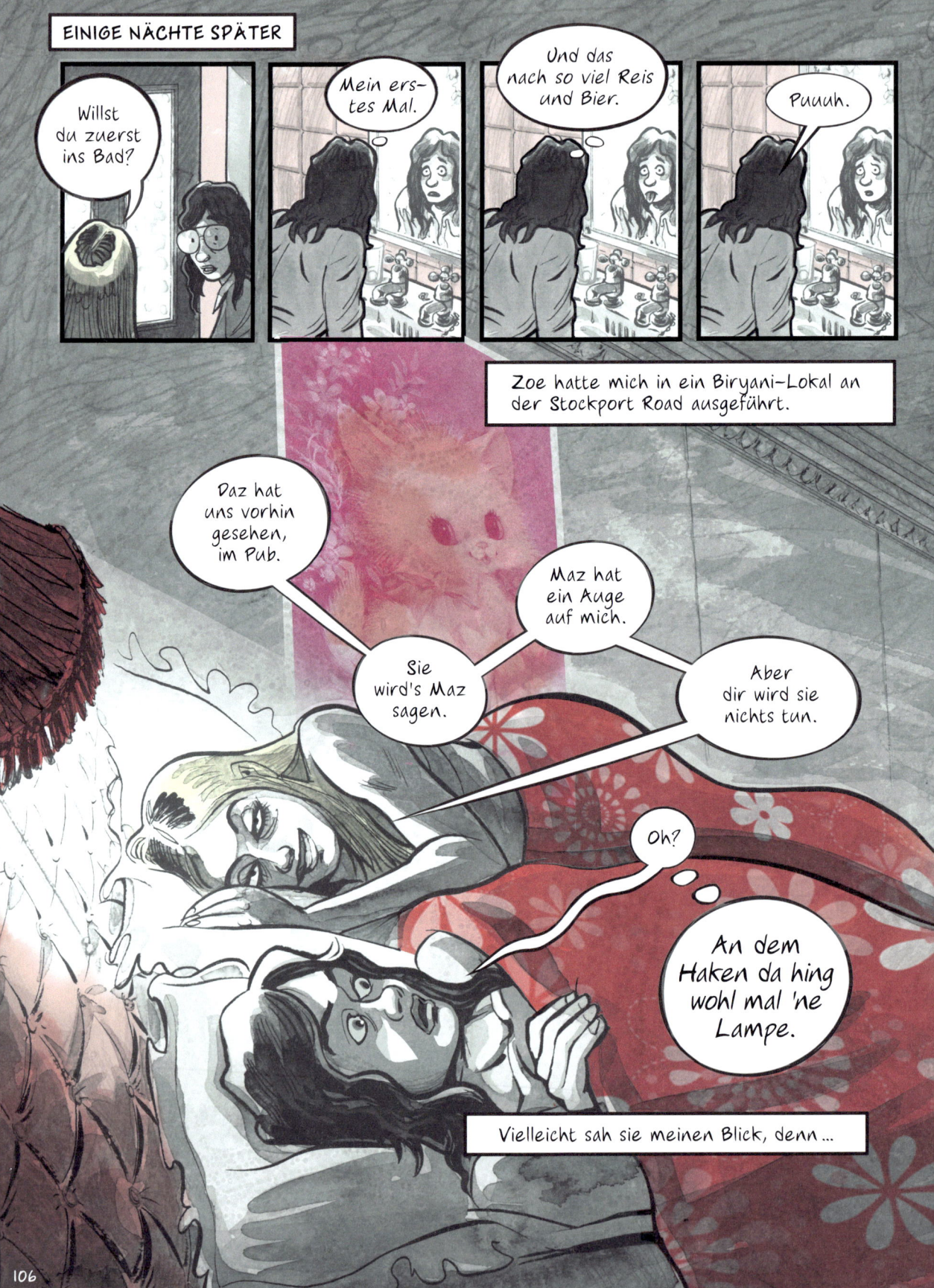

So findet man manchmal Freund*innen.

1972 -1974

1973 stirbt Sir Noël Coward (geb. 1899), Dramatiker, Komponist, Regisseur, Schauspieler, Sänger, Humorist — »The Master«

In den 1970ern eignet sich die LGBT-Community den **Rosa Winkel** an. Das Nazisymbol kennzeichnete in den Konzentrationslagern Schwule. Trug man es auf den Kopf gestellt, stand es für Widerstand, Gedenken und Stolz.

1972 verschwindet das Magazin **Arena Three**. **Sappho** betritt die Bühne.

London 1972

1973 ist die erste **CHE Gay Rights Conference** in Morecambe.

erste britische Pride-Parade 1. Juli

Verkauf der Gay News

1972 Britain's First GAY SWITCHBOARD
01_837 7324
(2 LINES)
Your hot-line to the gay community
What, when, how, where
Every evening 6.00 to 10.30

1972 startet **Gay News**, die »landesweite homosexuelle Zeitung«.

1974 wird das **Gay Sweatshop Theatre** gegründet.

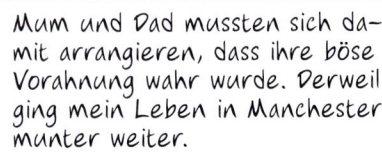

Acht problembeladene Jahre später beging Rachel 1980 Selbstmord.

1992 verstreute man ihre Asche mit der von Schauspielkollegin und Freundin Jill Bennett auf der Themse. Durch die Zeremonie führte ihr Freund, der Regisseur Lindsay Anderson.

Und Alan Price sang **Is that all there is?**

MANCHESTER, IM NEW GRAPES

Es gab eine Zeit, da war ein Coming-out im Musikbusiness (vor allem **für Frauen**) Karriereselbstmord. Dennoch war irgendwie klar, dass Dusty eine von uns ist.

Dusty war eine **Ikone der Swinging Sixties** und ein Vorbild für Crossdresser. Outfits, Perücken, Perlen, Glitter, Drama, eine großartige Stimme: Soul mit blauen Augen. Wie Judy Garland war sie im Guten wie im Schlechten eine echte Ikone der Homosexuellen.

Mary Isobel Catherine Bernadette O'Brien wurde 1939 geboren. Ab 1958 sang sie im Trio **Lana Sisters**, bis sie 1960 mit ihrem Bruder Tom das Folk-Trio **The Springfields** gründete.

1963 war ihre erste Solo-Single **I Only Want to Be With You** ein Klassiker, dem eine Reihe Hits, Alben und TV-Auftritte folgten. In einer Sondersendung von **Ready, Steady, Go!** 1965 führte sie gewissermaßen das Plattenlabel Tamla Motown ins britische TV ein.

Dusty (»Ich bin unpolitisch«) liebte schwarze Musik und die Menschen, die sie machten. **1964** ging sie in **Südafrika** auf Tour. Sie bestand darauf, dass ihrem Vertrag eine **Anti-Apartheid-Klausel** hinzugefügt wurde.

Nach zwei erfolgreichen Shows vor gemischtem Publikum schritt die **Polizei** ein: Sie beschlagnahmte Pässe. Die Fortsetzung der Tour sollte vor **segregiertem Publikum** erfolgen. Dusty lehnte ab.

Dusty und ihre Band wurden **abgeschoben** — weltweit kontrovers diskutiert. Sie war eine der ersten ihres Landes, die so konsequent handelte. Als sie ihren Rückflug antrat, erwiesen ihr die schwarzen Arbeiter in der Nähe des Flugzeugs **Ehrenbezeugungen**.

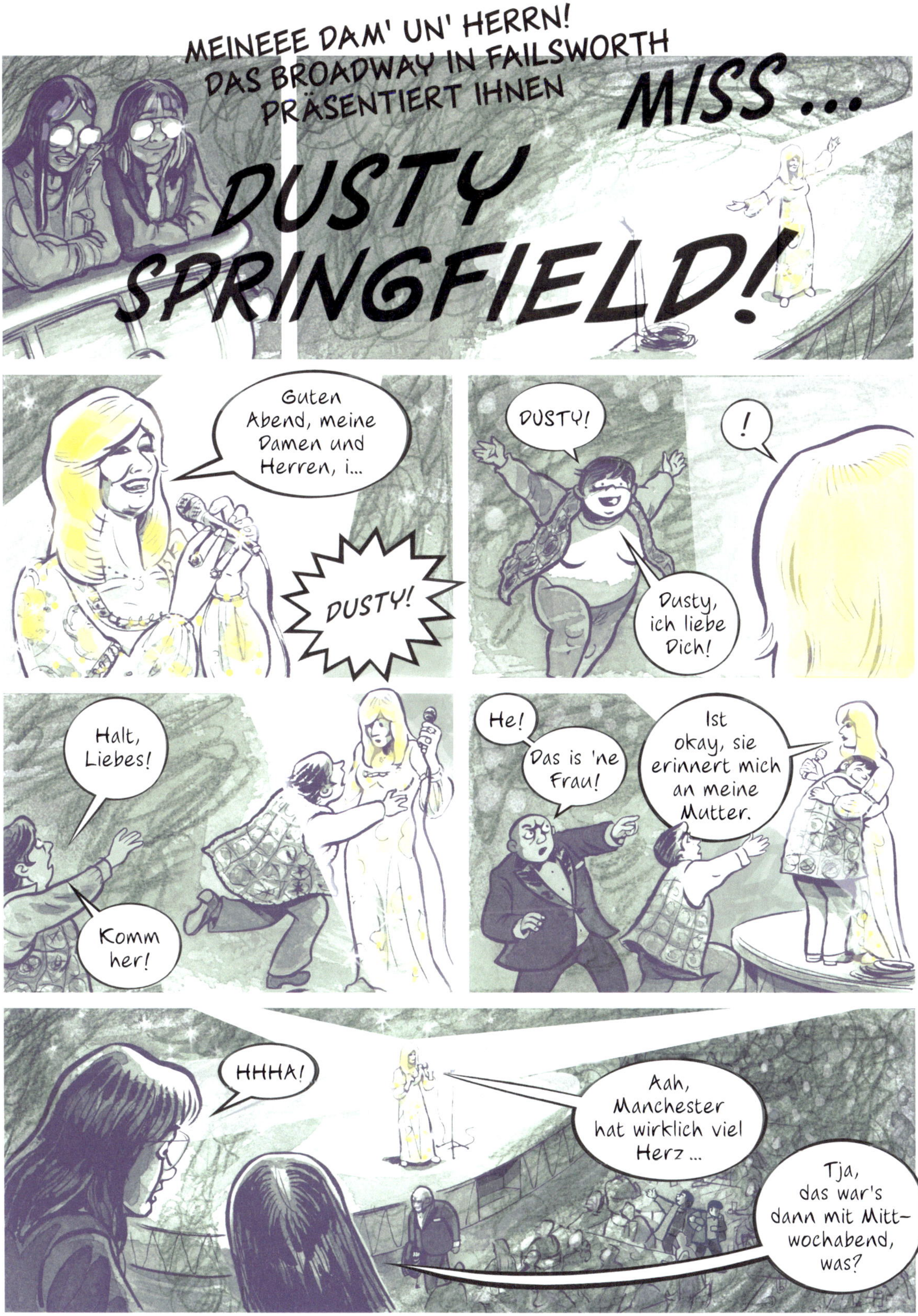

MITTWOCH ...

He!

Sag dieser Dusty, dass ich meinen Slip zurückwill!

O. k.

Dann noch mehr Bässe in **Preacher Man** und ...

Hi. Dein Name bitte?

Äh, Kate.

Die Show war toll.

Vielen Dank.

So endete ein fast perfekter Abend.

Das war's für mich.

Da war ein Schwarzer in ihrer Garderobe.

DAS STABLES THEATRE IN MANCHESTER

Herbst 1972. Unser erstes Theaterstück als Design-Studierende: der Marowitz-*Hamlet*.

Nicht gerade Noël Coward, oder?

Huhu, Drew.

DREW GRIFFITHS

Shakespeares Stück als »Collage«. Wir hatten gerade den (sehr queeren) Musicalfilm *Cabaret* gesehen. Unser Thema war also Dekadenz.

Einer der geouteten Studenten.

Lust, uns die Liza Minelli zu machen?

Wenn Ihr den **Hamlet** in Drag wollt ...

Übrigens ...

... solltet ihr nicht im Impro-Workshop sein?

»Komm, Kreativität, Hemmung, ade!« Auch wenn's einige übertreiben.

Kenny hat gestrippt.

Erneut.

SOMMER 1973

Seufz!

Zoff mit Glynn.

Schauspieler, die hart erarbeitete Kostümentwürfe ändern.

Bin ich denn keine Teamplayerin?

Einige Wochen später war meine Abschlussprüfung an der Uni.

Es war ein schöner Tag.

Ehrlich? Wofür das alles?

Ich liebte das Theater. Theoretisch.

Doch der Praxis kehrte ich den Rücken.

145

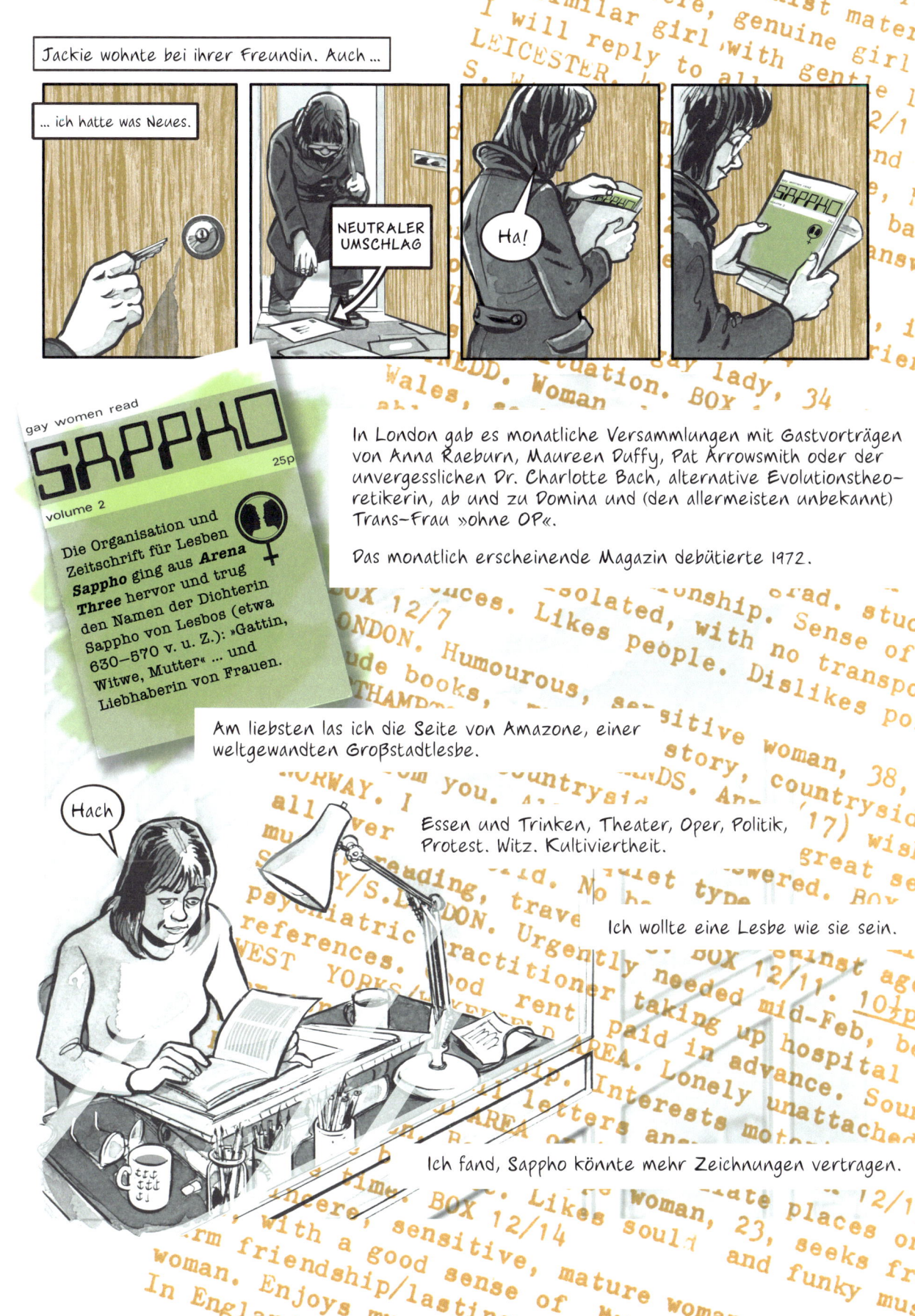

JACKIE FORSTER

Jaqueline Moir MacKenzie (geb. 1926 in London), stolz auf ihre schottischen Wurzeln.

Marsaili Camerons Mutter Marjorie hatte um 1936 den exotischen MacKenzie-Clan in einem Bus in Inverness gesehen.

In den 1950ern arbeitete Jackie MacKenzie als Schauspielerin und Journalistin. Die quirlige, schlaue, witzige und schöne Frau wurde eine Pionierin von Livereportagen im TV. 1954 gewann sie für ihre Moderation der Hochzeit von Fürst Rainier III. von Monaco und Filmstar Grace Kelly den *Prix d'Italia*. Später hatte sie ihre eigene Serie: *Highlight*.

Und sie arbeitete mit Gilbert Harding und Nancy Spain.

Oh Gott, hätt ich bloß von Nancy gewusst!

1957 hatte sie eine **erste lesbische Affäre** auf einer Vortragsreise in den USA. Auf die Hochzeit folgte die Scheidung von Autor Peter Forster. Sie outete sich 1969, »zitternd wie Espenlaub«, vor einem CHE-Banner in Speakers' Corner im Londoner Hyde Park.

VOR EUCH STEHT EINE FULMINANTE LESBE!

Die geoutete Jackie arbeitete unermüdlich, damit andere Frauen es einmal leichter haben würden als sie.

Vor den 1970ern sah man nur sehr wenige Lesben im Fernsehen. Jackie war eine der wenigen. Beim TV-Sender London Weekend Television gab es ein schwul-lesbisches offenes Programm: *Speak for Yourself – Gay's the Word*.

Seit Mitte der 70er ... bin ich eine echte Mietlesbe.

Der Sappho Hut

Jackie war **1972** Mitgründerin des **Sappho**-Magazins. Die wöchentlichen Treffen waren ein Raum, in dem für zuvor »unsichtbare« Lesben galt: *Entfalte dich ohne Angst!*

»Für **Sappho** lief ich meilenweit durch die **Straßen Londons** und durch andere Städte, unser schönes Banner tragend. Ich mochte und wurde gemocht, liebte und wurde geliebt, liebe und werde geliebt von **einzigartigen** und **unvergesslichen** Frauen. Für **Sappho** schrieb ich Abermillionen von Wörtern: über Lesben, an Lesben und Frauen, darüber, lesbisch zu sein. Nicht nur im Magazin, auch in Büchern und anderen Veröffentlichungen. Das Magazin **altert nicht** wie eine Zeitung. Unsere Artikel, Storys, Gedichte und Dienste funktionieren noch. Unser Cover sagt alles. Erinnert ihr euch an die drei Botticelli-Grazien — lesbisch, bi und hetero, ganz unverhüllt? Jetzt drehen sie sich um und schauen, was die Zukunft bringt.« **Jackie Forster**

1994 sprachen die Sisters of Perpetual Indulgence Jackie als Sister Jackie of the Eternal Mission to Lay Sisters heilig.

Sie war Mitglied im Frauenkomitee des **Greater London Council**, hatte viel Einfluss auf die Einrichtung des **Lesbian Archive** (welches sich mitsamt Jackies Nachlass in der **Glasgow Women's Library** befindet), startete in den **90ern** die **Daytime Dykes** und bot 1998, eine Woche vor ihrem Tod, ihre ehrenamtliche Mitarbeit bei einer Hörzeitung für Blinde an.

Aktivistin, Feministin, Erzählerin, Humoristin. Manchmal schwierig, ab und zu einschüchternd — heutzutage würde sie mit offiziellen Ehrungen überhäuft werden.

2017 wurde am Tag ihres 91. Geburtstags  mit einem **Google Doodle** an sie erinnert.

1975 – 1979

1978 erschießt ein ehemaliger Funktionär des Stadtrats von San Francisco den Bürgermeister George Moscone und **Harvey Milk** — die erste offen homosexuelle, in Kalifornien in ein Amt gewählte Person.

1978 erscheinen Armistad Maupins **Stadtgeschichten** als Buch. Die beliebte Romanreihe erzählt vom Leben in San Francisco. 2014 erscheint der neunte Teil, **Die Tage der Anna Madrigal**.

"BURST DOWN those CLOSET DOORS and STAND UP once and for all, and START TO FIGHT."

1979 handelt Martin Shermans eindringliches Drama **Bent** von schwuler Liebe in einem KZ.

2009 erhält Milk posthum die **Presidential Medal of Freedom**.

MAY 22 • HARVEY MILK DAY

1978 weht die **erste Regenbogenfahne**, entworfen von Gilbert Baker (1951–2017), in San Francisco zur Gay-Pride-Woche.

1977 bringt Mary Whitehouse **Gay News** wegen Blasphemie vor Gericht.

1979 zeigt **BBC2** das Stück **Only Connect** von Drew Griffith und Noël Greig. »Eines der besten schwulen Dramen, die je für das Fernsehen geschrieben wurden.« W. Stephen Gilbert, Produzent

BENJAMIN BRITTEN 1913 – 1976

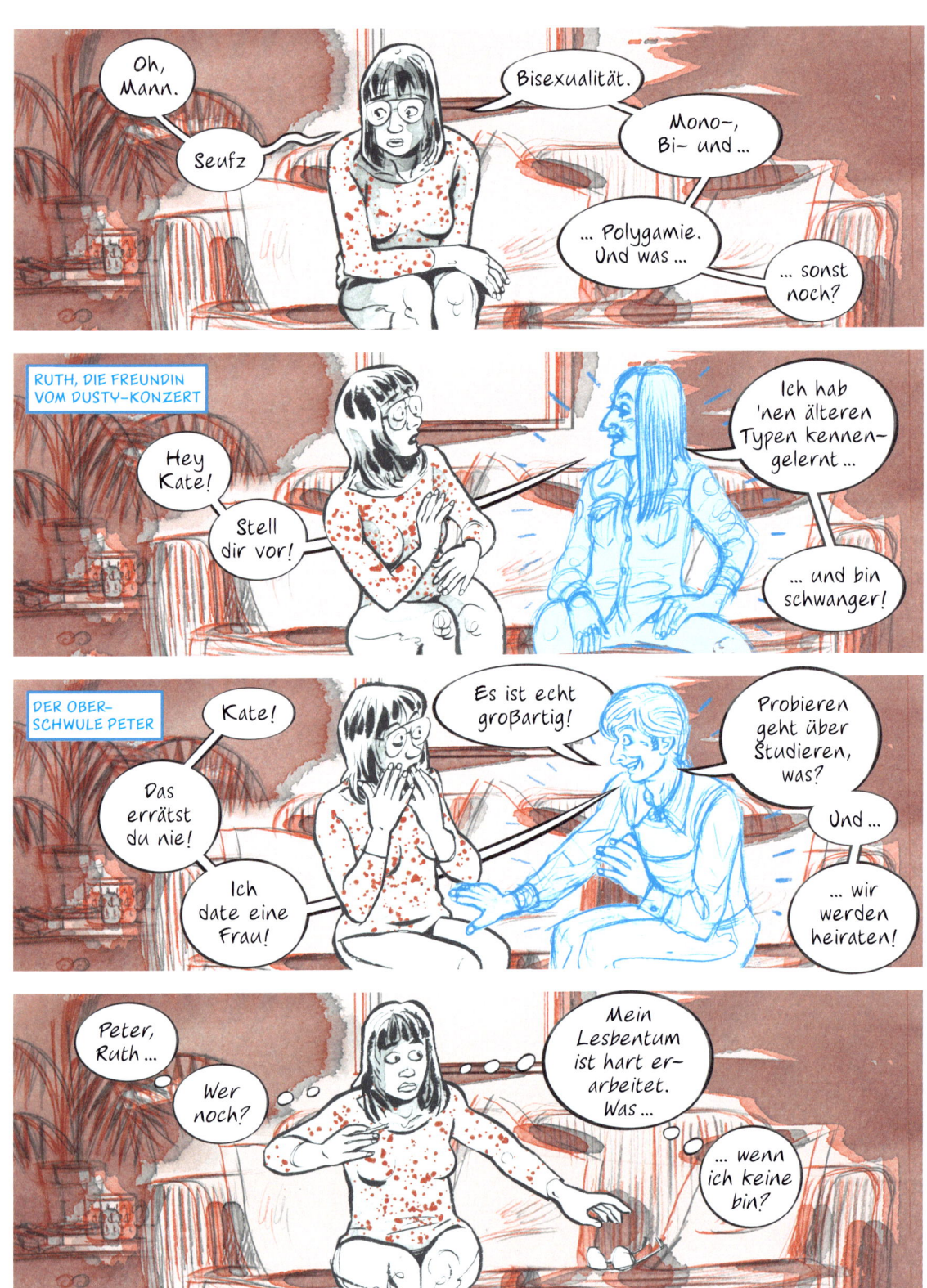

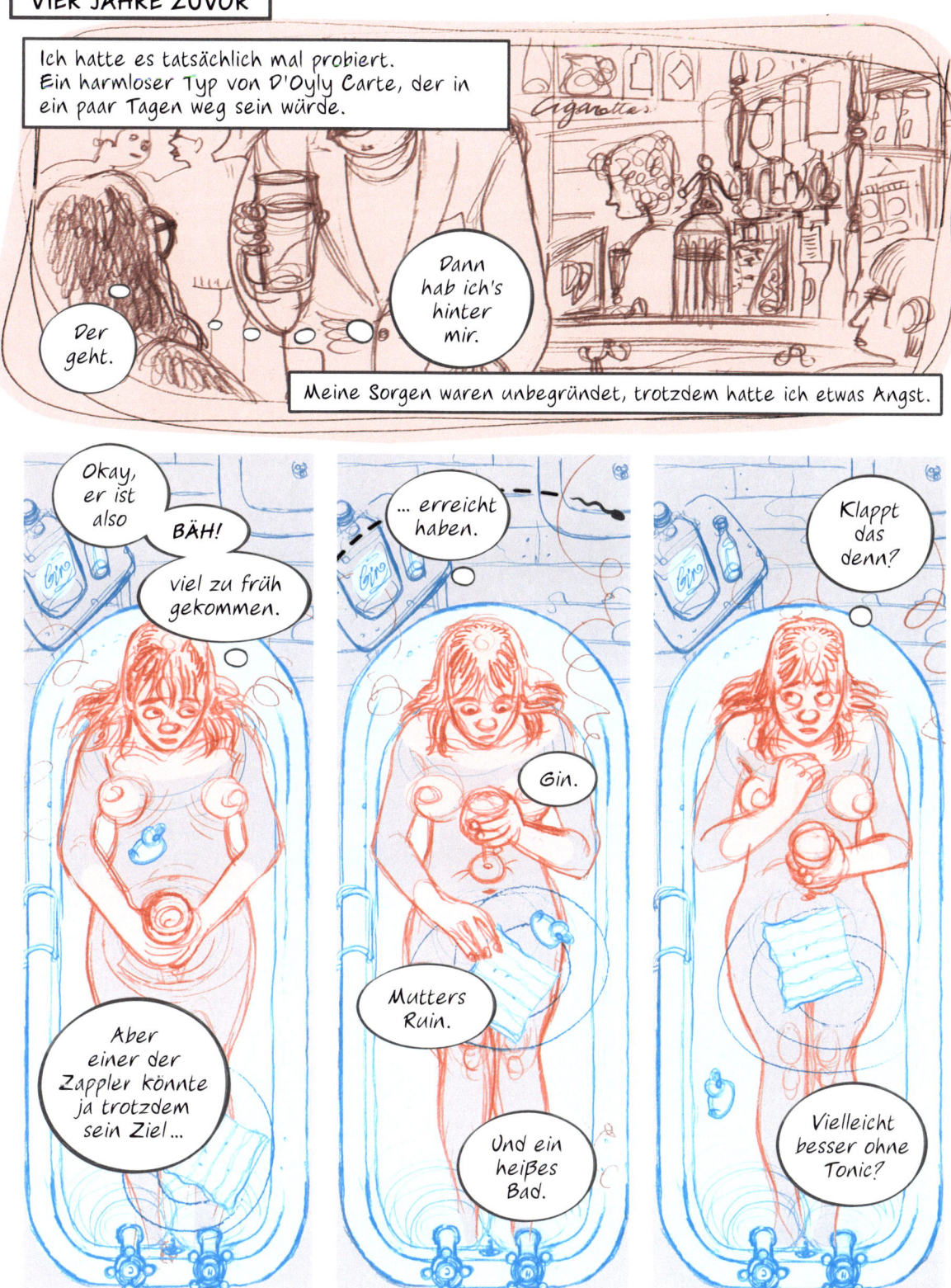

Wie man sein Leben lebt

1975 verfilmte **Thames-TV** Quentin Crisps Biografie (**Crisperanto**, 1968). Der Fernsehfilm mit John Hurt war bahnbrechend. Und er machte Hurt und Crisp zu Stars.

Quentin Crisp war witzig, höflich und schonungslos offen, was ihn betraf. Der Schwule stellte sich mutig der homophoben Beschimpfung und Gewalt entgegen, die sein auffallendes Äußeres oft hervorrief.

Über 30 Jahre arbeitete Crisp (1908–1999) als Modell an Kunsthochschulen. Nach dem Film tourte er mit seiner Ein-Mann-Show, war Schauspieler (in Sally Potters *Orlando* war er Königin Elizabeth I.) und Schriftsteller.

Im Dezember 1993 gab Quentin auf **Channel 4** die erste alternative Weihnachtsansprache der Königin.

2009 spielte John Hurt (1940–2017) ihn noch einmal in **An Englishman in New York**, wohin Crisp 1981 gezogen war. Der Filmtitel stammt von Stings Lied, das dieser 1987 über ihn schrieb.

Schließlich holte ihn die Realität ein. Er hatte wohl wenig für die homosexuelle Befreiung übrig und nannte AIDS im Scherz »Trend«. Dank seiner unverblümten Ansichten war er lange Medienfutter und blieb doch immer ...

»... einer von Englands würdevollen Homos«.

Directed by JACK GOLD

THAMES

Produced by the great VERITY LAMBERT

1975, STEPHEN JOSEPH STUDIO IN MANCHESTER

Ich ging mit Richard zum neuen Stück des tourenden Gay Sweatshop Theatre.

Drew vom Stables Theatre hat es zusammen...

... mit Roger Baker geschrieben.

Sein Buch **Drag** hab ich in der Bibliothek geklaut.

Und das Design ist von Glynn.

MISTER X 1. TEIL

»Selbstbefriedigung kann Spaß machen.«

Und an wen denkt ihr so?

RAQUEL WELCH.

STEVE MCQUEEEEEEEEEEEEE...

BRIGITTE BARDOT.

DREW

...EEEEEN!

Mister X war unverhohlen — ein völlig neuer Ansatz und anders als das herkömmlichere West-End-Stück *The Boys in the Band*, das wir kurz davor gesehen hatten.

Mart Crowleys Stück von 1968 und sein Film von 1970 (eine düstere Komödie über die Beziehungen in einer Gruppe Schwuler) waren zwar zu ihrer Zeit bahnbrechend...

»Zeig mir nen glücklichen Schwulen, und ich zeig dir 'ne schwule Leiche.«

Tunte!

Homo!

... aber Gay Sweatshop war **Lichtjahre** voraus.

GAY SWEATSHOP

1975 wurde Gay Sweatshop gegründet. Eine Spielzeit im Londoner **Almost Free-Theater** folgte.

Es war uns von Anbeginn wichtig, als homosexuelle Schauspieler aufzutreten in eben...

...solchen Rollen.

Drew Griffiths war einer der Gründer neben:
Roger Baker
Alan Wakeman
Gordon MacDonald
Laurence Collinson
Gerald Chapman
John Roman Baker

Nach dem Stück hatten wir Publikumsdiskussionen und Bücherstände.

Wir tourten als schwul-lesbische Botschafter.

In unserer Satzung stand:

»... damit Heterosexuelle die von ihnen ausgeübte oder tolerierte Unterdrückung erkennen und die mediale, fälschliche Darstellung Homosexueller sichtbar wird und endet.«

Also alles ganz easy ...

Das erste lesbische Stück.

1975 von Jill Posener verfasst, inszeniert 1976.

Wir wollten beide Geschlechter ausgewogen beteiligen.

Die Musik zur feministischen Pantomime *Jingleball* war von Tom Robinson.

JILL POSENER

HELEN BARNABY: SCHAUSPIEL

NANCY DIUGUID: SCHAUSPIEL UND REGIE IM IN- & AUSLAND

KATE CRUTCHLEY: SCHAUSPIEL, REGIE UND INTENDANZ

Doch **1977** spalteten sich Männer und Frauen in zwei Gruppen.

166

"Die Frauen griffen die gesetzliche Definition der ... »guten Mutter« an. Die Männer zeigten Schwule in der Geschichte."

"Das hier ist von mir und Noël Greig. Dann formierten wir uns um und ..."

"... thematisierten so viel."

"Thatchers Sparregime 1981 war das Aus. Doch wir kamen zurück, mit Noëls Poppies."

"1986 machten wir Stücke zu HIV/AIDS ... ... vor den großen AIDS-Stücken am West End wie **The Normal Heart**."

167

GLAD TO BE GAY

1976 schrieb Tom Robinson **Glad to Be Gay** für die Gay Pride in London — als bitterbösen Kommentar auf diejenigen, die in den Bars ihre **Buttons** trugen, sie aber zu Hause und auf Arbeit **abnahmen**.

Mit den Jahren schrieb er den Text fort. Er wird hier mit freundlicher Erlaubnis wiedergegeben.

Danke, Tom.

Dieses Lied ist der WHO gewidmet.

Darin geht's um Medizin.

Es betrifft eine Krankheit, deren Nummer nach der …

… internationalen Klassifikation der Krankheiten der WHO die …

… 302.0 ist.

The British police are the best in the world
I don't believe one of these stories I've heard
'Bout them raiding our pubs for no reason at all
Lining the customers up by the wall

Picking out people and knocking them down
Resisting arrest as they're kicked on the ground
Searching their houses and calling them queer
I don't believe that sort of thing happens here…

Pictures of naked young women are fun
In **Titbits** and **Playboy**, Page Three of **The Sun**
There's no nudes in **Gay News** our one magazine
But they still find excuses to call it obscene

Read how disgusting we are in the press
The Telegraph, People and **Sunday Express**
Molesters of children, corruptors of youth
It's there in the paper – it must be the truth

UND DOCH …

SING if you're GLAD to be GAY

1980-1984

1983 ist der LGBT-Aktivist **Peter Tatchell** Ziel einer ungemein homophoben Kampagne und verliert die Nachwahl in Bermondsey. **2006** gibt der Gewinner Simon Hughes preis, bisexuell zu sein.

1981 WIRD DIE RADIKAL-LESBISCHE FEMINISTIN, ANTIRASSISTIN UND AKTIVISTIN FÜR DIE RECHTE HOMO-SEXUELLER LINDA BELLS ERSTES NICHT WEISSES MITGLIED DES SPARE-RIB-KOLLEKTIVS. **1985** STELLT LABOUR SIE FÜR DEN RAT DES LONDONER BEZIRKS LAMBETH AUF, DEN SIE VON **1986** BIS **1988** LEITETE.

1981 KIPPT DER EUROPÄISCHE GERICHTSHOF FÜR MENSCHEN-RECHTE NORD-IRLANDS VERBOT HOMOSEXUELLER HANDLUNGEN.

1981 prangert der erste **Lesbian Strength**-Umzug in London die Diskriminierung in Frauenbewe-gung (sexuelle Orientierung) und **Gay Liberation** (Geschlecht) an.

1982 wird die nach einem der ersten AIDS-Toten des Landes benannte Stiftung **Terry Higgins Trust** eingerichtet.

1984 ist Chris Smith von Labour der erste freiwillig geoutete Abgeordnete im Amt.

In den frühen 1970ern entdeckte ich **Tennis**.

Insbesondere entdeckte ich a) Frauentennis, b) dass viele der großen Namen Lesben waren und c) dass viele von den anderen zumindest so aussahen, als wären sie's.

Starke, unabhängige Frauen, die nicht nur den Schläger gut im Griff hatten.

Da hatte ich was **verpasst**.

Das Spiel war auch nicht schlecht.

Billie Jean King war von Anfang an meine Favoritin.

Eine Gewinnerin aus der **Arbeiterklasse** in einem Mittelklassesport. **Feminismuspionierin**. Verfechterin von **Gleichberechtigung** und **Diversität**. Und gut aussehend.

Ihr Kumpel Elton John widmete ihr und der **Tennis-Auswahl des US-Teams** — den **Philadelphia Freedoms** — 1975 sein gleichnamiges Lied. BJK wirkte sogar als Backgroundsängerin mit.

- 1943 — Billie Jean Moffit, geb. in Florida, USA
- 1965 — Ehe mit Larry King (Scheidung 1987)
- 1970 — Führt erste Frauen-Profi-Tour an, kämpft für gleiches Preisgeld
- 1971 — Allererste Spielerin, die über $100.000 Preisgeld gewinnt
- 1973 — Erste Präsidentin der Women's Tennis Association (WTA)
- 1983 — Ruhestand mit **39 Grand-Slam-Titeln**

1973 brüstete sich der Tenniszocker Bobby Riggs (55), er könne jede Spielerin der Welt schlagen. Bei der damals führenden Margaret Court hatte er das bereits getan. BJK war 29. **Ein Medienzirkus**.

1973, BEI UNS IN MANCHESTER

21. September, sehr früh morgens

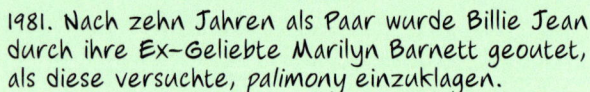

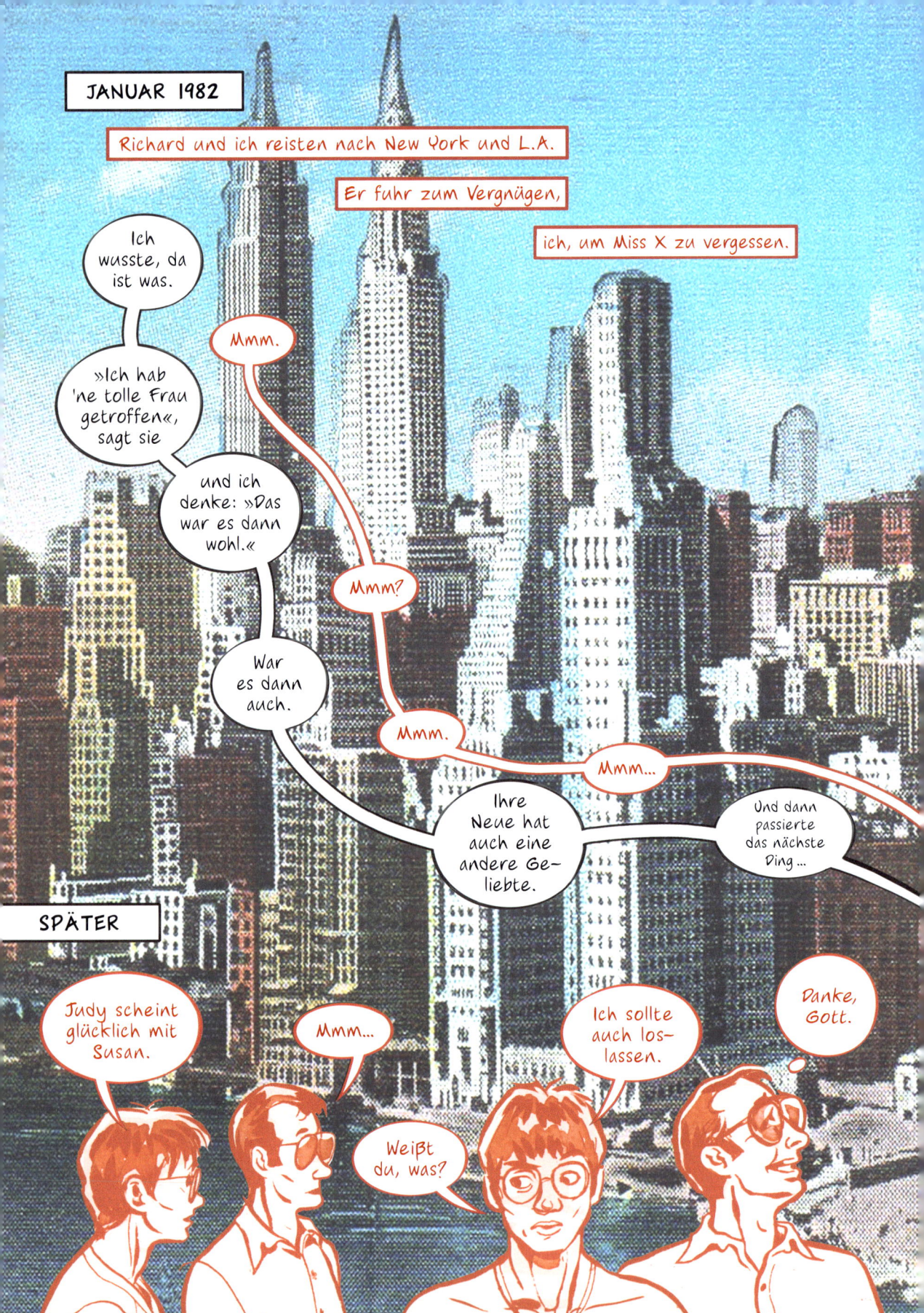

In diesem kühlen Sommer fuhr Ness zu einem spirituellen Wochenende für Frauen.

Ich kam auch mit.

Huf und Horn, Huf und Horn, Das, was stirbt, wird wiedergeboren.

Wir alle kommen von der Göttin und zu ihr kehren wir zurück wie ein Regentropfen, der zum Ozean fließt.

Also! Zweiter Tag des Seminars und keiner hat blankgezogen!

Nackt.

Müssen wir alle?

Nö. Ich geh nur in die Vollen.

Man findet ja kaum heilige Haine mit Zentralheizung.

Unsere neue Freundin — Wren

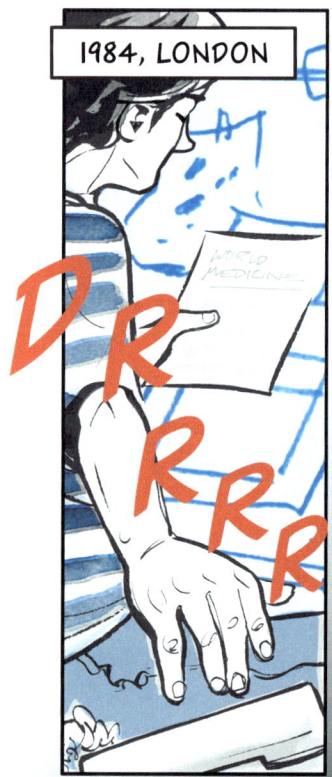

AIDS – ERWORBENES IMMUNSCHWÄCHESYNDROM

Das zu AIDS führende Humane Immunschwäche-Virus HIV hat eine lange, komplexe Entstehungsgeschichte.

Man nimmt an, es entstand um 1920 in Belgisch-Kongo in nichtmenschlichen Primaten, ging durch den Verzehr von Buschfleisch auf den Menschen über und gelangte um 1969 (über Haiti) in die USA. 1981 brach die AIDS-Epidemie dort »offiziell« aus.

Die homosexuelle Presse meldete eine rätselhafte Krankheit, die Schwule befiel und tötete.

Die Londoner Wochenzeitung **Capital Gay** begleitete die Krise von Beginn an.

1982. Terry Higgins war einer der ersten Briten, der an einer mit AIDS in Verbindung stehenden Krankheit starb.

Der **Terrence Higgins Trust** wurde in seinem Gedenken eingerichtet, um der HIV-Ausbreitung vorzubeugen und AIDS bekannt zu machen.

Es gab weder Heilung noch wirksame Therapien.

Das Virus wurde erst 1986 beschrieben.

AZT (Zidovudin), das erste Medikament zur HIV-Behandlung, kam 1987 auf den Markt.

Männer kündigten, planten ihre Beerdigung.

Ganze Freundeskreise starben.

Die Familien der Verstorbenen warfen die überlebenden Partner oft aus ihrem Zuhause raus.

Kein ungewöhnliches Ereignis nach schwul-lesbischen Trauerfällen.

Es geschah nur noch viel häufiger.

Das Virus diente als Waffe gegen die ganze Community.

GAS GAYS SAYS TORY — Answer to AIDS

AIDS IS THE WRATH OF GOD, SAYS VICAR
THE SUN, Thursday, February 7, 1985
BY HUGH WHITROW
A VICAR yesterday branded the plague AIDS as the wrath of God.
Ex-ballet boss is victim 53

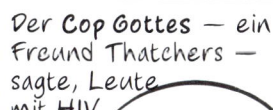

Der **Cop Gottes** — ein Freund Thatchers — sagte, Leute mit HIV

... treiben in ihrer eigenen Kloake.

TOP COPPER IN WAR ON GAYS
AIDS CRISIS ++ AIDS CRISIS ++ AIDS CRISIS ++ AIDS CRISIS
Scourge of the Eighties

Die New Yorker Künstler **Visual AIDS** schufen 1991 das Projekt **Red Ribbon** (Rote Schleife). Das Symbol sollte auf HIV/AIDS aufmerksam machen und Solidarität mit den Erkrankten zeigen — und mit den für sie Sorgenden.

DER AIDS MEMORIALQUILT

SCHAUSPIELER

COMICKÜNSTLER

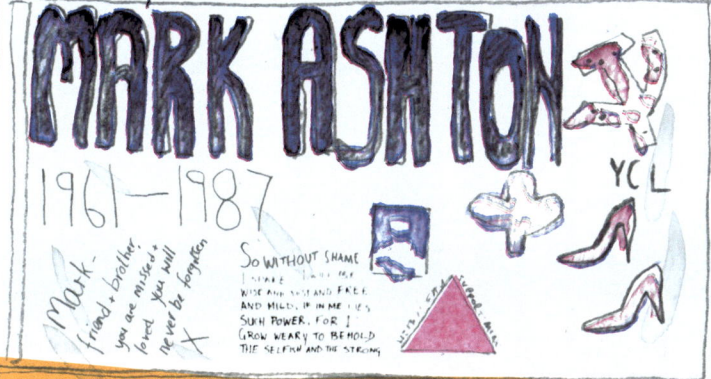

AKTIVIST

ASTROLOGE

SUPERSTAR

KÜNSTLER

Der Quilt entstand **1985** in **San Francisco**. Er wurde 1987 in Washington D.C. erstmalig gezeigt und hatte damals **1920** Teile. Heute besteht er aus **vielen Tausend** 3 x 6 Fuß großen Stoffsegmenten, genäht von Freund*innen, Geliebten und Familienmitgliedern. Sie erinnern zumeist an Menschen, die an und mit AIDS gestorben sind.

NAMES Project Foundation will den Quilt bewahren, sich um ihn kümmern und ihn nutzen. Er soll heilen, Bewusstsein erzeugen und zu Aktionen im Kampf gegen HIV und AIDS anregen.

Das NAMES-Projekt hat weltweit mit ihm verbundene Organisationen. Diese Bilder stammen von Panels des **UK Memorial Quilt**.

NEUJAHR 1985, WOMBWELLS HIGH STREET

So früh am Tag waren die meisten Läden geschlossen.

Zwei Monate vor Ende des Grubenstreiks.

Streikende Arbeiter

Wir Londoner gingen zu Benefizveranstaltungen und spendeten an *LGSM: Lesbians & Gays Support the Miners*.

stehen für die Fleischration an.

6. MÄRZ 1984

Heute verließen Mitglieder der **National Union of Mineworkers** die Cortonwood-Zeche.

Cortonwood und die Streikpostenkette »Alamo« lagen am Rand von Wombwell.

Arthur Scargill, Vorsitzender der NUM, sagte:

Die Regierung plant, langfristig über 70 Gruben zu schließen!

Ja, der hat wohl recht!

Die Regierung streitet den Vorwurf ab.

Großvater war der Ansicht, dass Arthur ein Heiliger sei.

2014 veröffentlichte Regierungsakten zeigten, dass 75 Gruben geschlossen werden sollten.

Thatchers Plan war, die **NUM** zu brechen (und darüber hinaus die ganze Gewerkschaftsbewegung), wodurch Bergbaugemeinden irreversible Schäden erlitten. Dies zog erbitterte und oft gewaltsame Proteste nach sich.

1983, London. Mum war zu Besuch.

Peter und Tom luden auf einen Drink gleich um die Ecke, neben dem **Sadler's Wells**,

FLOWERS: »EXZESSIV, HEFTIG, ABSOLUT HOMOSEXUELL« –KRITIK

Der Pub ist recht amüsant.

Schön, dich zu sehen, Joan.

wo Lindsay Kemps mit seinem Ensemble gastierte.

Tänzer, Schauspieler, Pantomime, seit den 1960ern mit Ensemble

Mentor und Geliebter von David Bowie

Pantomimenmeister von Kate Bush

Lieferant von Shows »voller Blut und Glitzer, pansexueller Orgien und nackter Jünglinge«

Ah, da drüben.

Wir haben schon mehrmals geplaudert.

Möchten Sie was trinken?

Das wäre sehr nett.

Joan Charlesworth, Lindsay Kemp.

Meine Mutter gibt dem schwulsten — jenseits von schwul — Queer die Hand! Noch queerer als sie sich's jemals vorstellen kann.

Nie!

Hmm.

Im Theater gibt's wohl jede Menge davon.

Wenn auch gewiss nicht so wie er.

1984 beschloss Ness zu kündigen. Im Sozialen Dienst kurz vorm Burn-out und nach einer therapierten Vorstufe von Gebärmutterhalskrebs.

— Ich brauche einen Ort zum Heilen.

Schließlich

— Schottland?!
— Eine alternative Kommune in den Borders.

— Da lerne ich, Biozwiebeln anzubauen!
— Das ist aber weit weg...
— Von meiner Familie. Weit weg von mir.

— Also, unsere Beziehung langweilt mich schon ein wenig.
— Oh. Mich auch?
— Wirst du immer so viel arbeiten?
— Ja, schon.

In den Gärten von Laurieston Hall in Dumfriesshire, einige Monate später

— ... sehr offen für Homosexualität.
— So... kommunal.
— Ja.
— Eben Kommune, Kate!

225

1985-1990

Mit der **AIDS-Krise** weitet sich auch der Anti-LGBT-Krieg der Thatcher-Regierung aus. 1988 wird **Section 28** vom Local Government Bill verabschiedet, der besonders auf unsere Communities abzielt.

1989 formiert sich als Reaktion auf Artikel 28 die **Stonewall-Kampagne**. Mitbegründer sind (Sir) Ian McKellen und (Lord) Michael Cashman.

1987 gibt es den ersten schwulen TV-Kuss zwischen Colin (Michael Cashman) und Barry (Garry Hailes) in EastEnders der BBC. »EASTBENDERS!«*, kreischt die SUN.

* KOFFERWORT AUS EASTENDERS (DIE VOM OSTEND) UND BENDER (HOMOSEXUELLER)

1990 wird im Piccadilly Circus bei einem OutRage!-»Kiss-in« Eros geküsst. Der Protest gilt Festnahmen sich öffentlich küssender Schwuler.

1990 gründet sich die Aktivistengruppe **OutRage!** nach dem »gay-bash«-Mord an dem Schauspieler Michael Boothe.

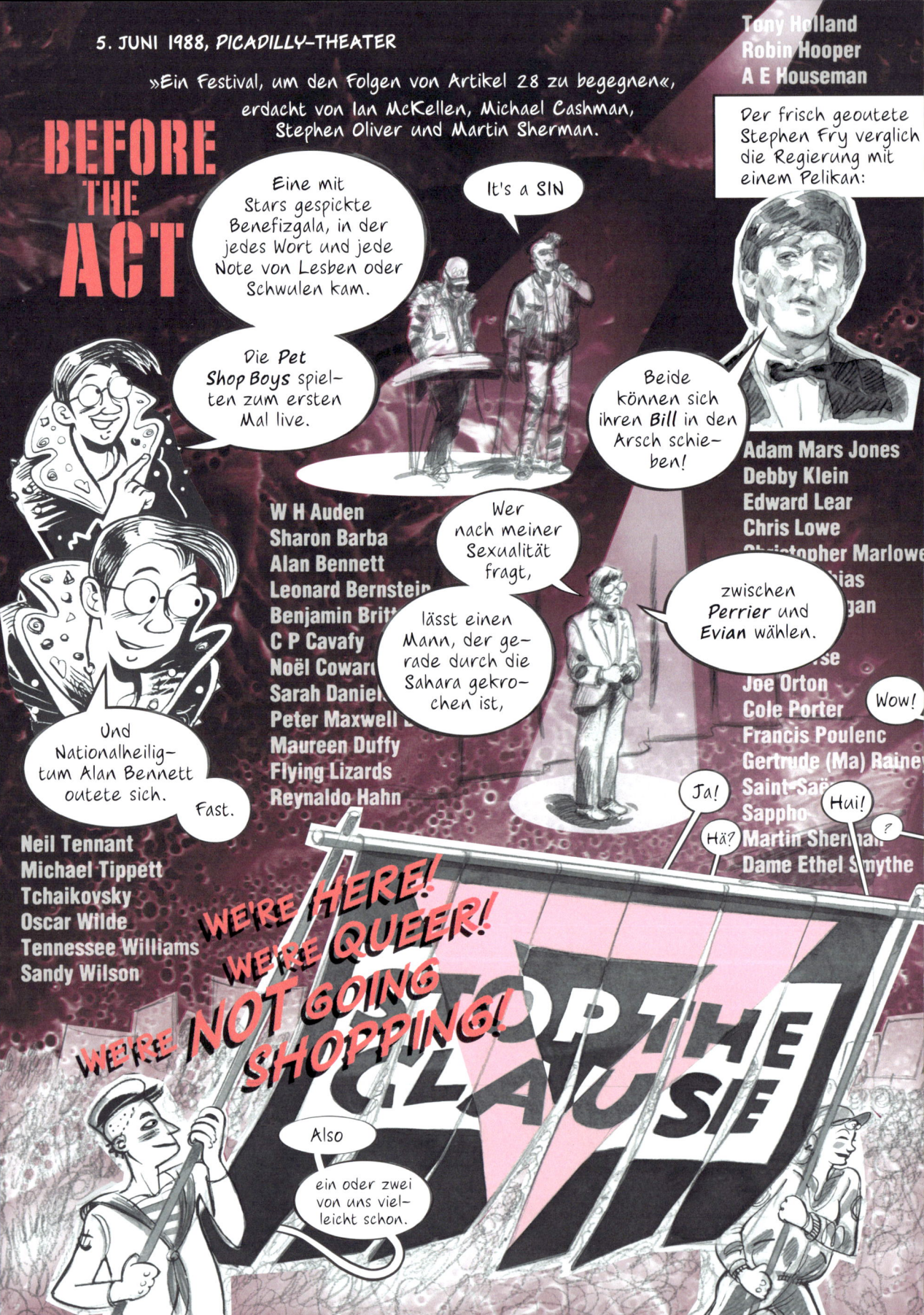

EDINBURGH

1991-1994

1995 WIRFT DIE SUNDAY TIMES DEN AVENGERS MÄNNERHASS VOR. AUS PROTEST KETTEN SIE SICH AN DEN SCHREIBTISCH DES HERAUSGEBERS.

Seit 1992 gibt es die **Lesbian Avengers** in New York. Sie protestieren »zu Kernthemen lesbischen Überlebens bzw. Sichtbarkeit«. 1994 entsteht der UK-Ableger, u. a. aus Ex-Mitgliedern von **OutRage!**

1994 outet sich Sandi Toksvig. »Soweit mir bekannt, war ich die einzige geoutete Lesbe der britischen Öffentlichkeit.« Es folgen Schmähungen der Presse, Todesdrohungen und eine Zeit des Untertauchens mit ihrer Familie. Die **Save the Children**-Benefizgala (mit Princess Anne) darf sie nicht mehr moderieren. Lesbian Avengers stören diese mit einer Blitzaktion.

1994 STARTET DIVA, »DAS LESBISCHE LIFESTYLE-MAGAZIN«. SEIT 2019 »FÜHRENDES EUROPÄISCHES MAGAZIN FÜR LESBEN UND BI-FRAUEN«.

1992–2007 QUEER UP NORTH IN MANCHESTER

1992 ENTKRIMINALISIERT ISLE OF MAN DIE MEISTEN HOMOSEXUELLEN HANDLUNGEN.

1994 zeigt Channel 4 den ersten Lesbenkuss im britischen Fernsehen vor der allgemeinen Wende. Beth Jordache (Anna Friel) und Margaret Clemence (Nicola Stephenson). Heißer Scheiß!

1997 - 1999

1998 gewinnt **Dana International** (Transfrau Sharon Cohen aus Israel) den **Eurovision Song Contest** mit **Diva**.

1987 schüttelt Lady Di in der Öffentlichkeit die Hand eines AIDS-Patienten.

1997 flieht sie vor Papa-razzi.

1999 startet auf Channel 4 Russell T. Davies' Serie über das Leben von drei Schwulen im Gay Village von Manchester.

1997 outet sich Comedian **Ellen DeGeneres** in der **Oprah Winfrey Show**. Auch ihre Sitcom-Figur Ellen outet sich — vor einer von Oprah gespielten Therapeutin.

1998 wird Maggi Hamblings Skulptur **A Conversation with Oscar Wilde** im Londoner Covent Garden aufgestellt.

DIE BOLTON 7

Entschädigung von 7 wegen grob **unsittlichen Verhaltens** (einvernehmlicher schwuler Sex) Verurteilten — dank Kampagnen von OutRage! und Amnesty.

1999 scheitert nach massiven Protesten ein Deal über £30 Mio. der Bank of Scotland mit dem homophoben TV-Prediger **Pat Robertson**. Sein Kommentar:

»UNGLAUBLICH, WIE STARK DIE HOMOSEXUELLEN IN SCHOTTLAND SIND. ES IST EINFACH NICHT ZU GLAUBEN!« – Pat Robertson

Lothian Gay & Lesbian Switchboard

1998 begeht Justin Fashanu (geb. 1961) — der erste, 1990 geoutete professionelle Fußballer — Selbstmord.

GAY times — JUSTIN FASHANU — Soccer's enigmatic gay star

1997 beschließen die UK-Pfadfinder eine gleiche-Chancen-Richtlinie.

1997: Gründung Scottish Equality Network

Imaan LGBTQI Muslim support — 1999 GEGRÜNDET

Twigg

"It's a lovely day. The sun is out — and so am I."

1998 outet sich Nick Brown als erster Minister im Amt.

1997 siegt der offen schwule **Stephen Twigg** von Labour bei der Unterhauswahl über Tory-Minister Portillo (»ich hatte einige homosexuelle Begegnungen als junger Mann«).

ZWILLING UND ABGEORDNETE MARIA

1997 ist Labour an der Macht. Andrea Eagle outet sich freiwillig als **erste weibliche Abgeordnete**.

1998 wird Waheed Alli — Medienunternehmer, Muslim und offen schwul — zum **Labour Peer***.

* VON DER REGIERUNG VERLIEHENER ADELSTITEL AUF LEBENSZEIT, NICHT VERERBBAR

2000 - 2003

2001 nutzen die ersten gleichgeschlechtlichen Paare das von Bürgermeister Ken Livingstone geschaffene Partnerschaftsregister von London. Als man es 2004 schließt, stehen 998 Paare darin.

2002 dürfen auch Paare und Singles adoptieren. Die Bedingung »Ehepaar« entfällt — nun können sich auch gleichgeschlechtliche Paare qualifizieren.

2003 endet die Kult-TV-Serie Buffy — Im Bann der Dämonen. Auf so vielen Ebenen queer wie die glaubwürdige Affäre von Willow und Tara.

2003 schaffen England und Wales **Artikel 28** ab. Der erste Versuch im Jahr 2000 wurde durch eine Kampagne der Baroness Young im Oberhaus verhindert. Die freie Abstimmung im Parlament wird 2003 einige Wochen nach ihrem Tod abgehalten.

2000 schafft Schottland Artikel 28 ab. **99:17** stimmen dafür, bei zwei Enthaltungen.

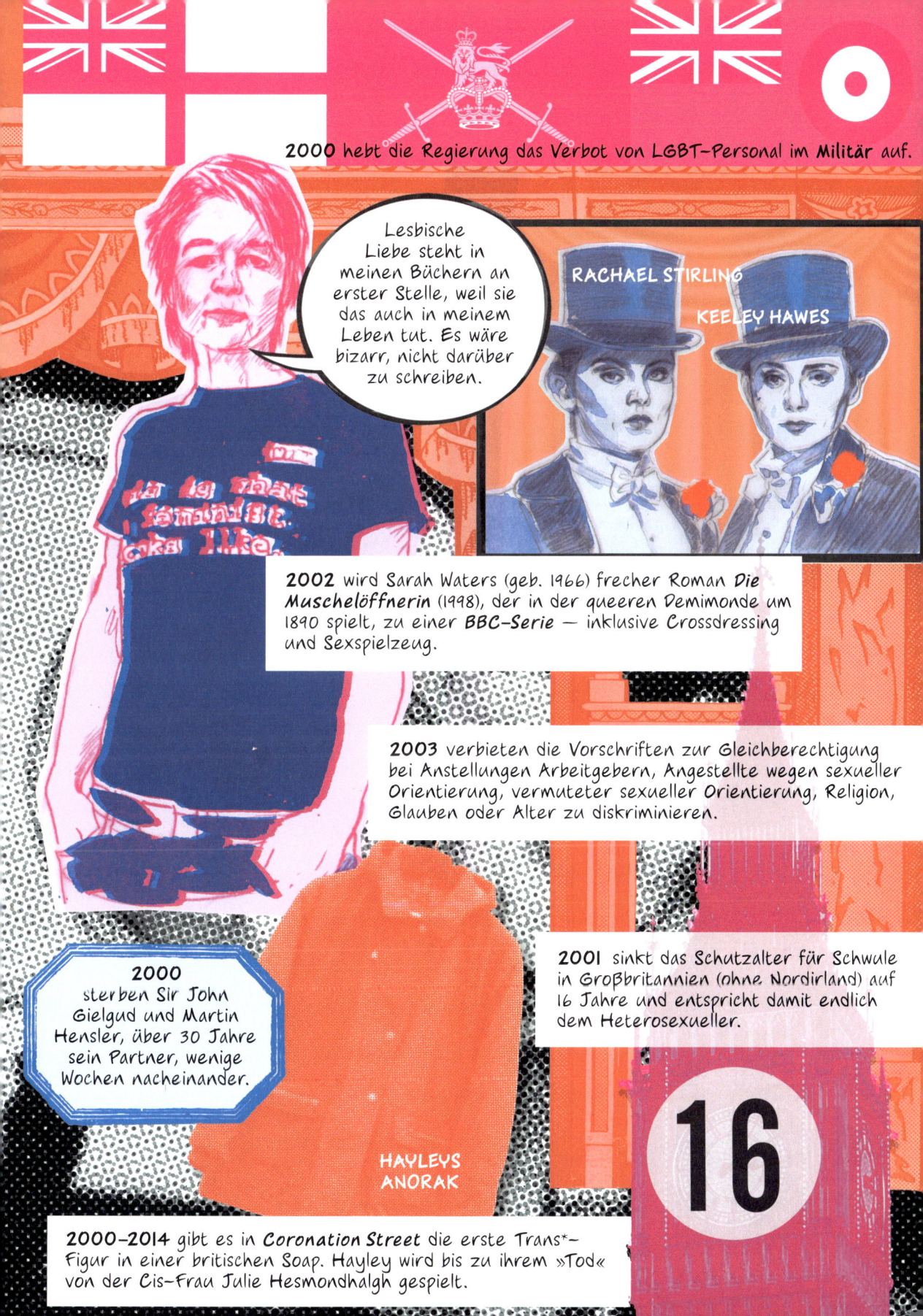

2004 - 2005

2004 gewährt das britische Gesetz zu eingetragener Partnerschaft **Rechte ähnlich einer zivilen Ehe** wie Grundbesitz, Sozialversicherung, Rente, elterliche Sorgepflicht für Kinder der Partner*innen, Miete und auch Anerkennung ggü. Lebensversicherungen bzw. als nächste Angehörige im Krankenhaus.
Und Scheidung.

Der **17. Mai 2004** ist der erste **International Day Against Homophobia (IDAHO)**. Das Datum erinnert an die Entscheidung der WHO von 1990, dass Homosexualität **keine psychische Störung** ist.

2005 sind Christopher Cramp und Matthew Roche das erste gleichgeschlechtliche Paar, das eine Civil Partnership eingeht. Auf die 15-tägige Wartefrist wird verzichtet — Christopher hat Krebs im Endstadium. Am darauffolgenden Tag stirbt er.

2005 wird auch das erste Paar nach Einhaltung der Wartefrist getraut: Grainne Close und Shannon Sickles in Belfast, Nordirland.

2004 gibt das Gesetz über die Anerkennung des Geschlechts trans*Personen die **volle rechtliche Anerkennung** in ihrem jeweiligen Geschlecht.

Trans*Personen können neue Geburtsurkunden bekommen, jedoch ist das Geschlecht auf männlich oder weiblich beschränkt.

2004 sind per Sexualstraftatengesetz grob unsittliches Verhalten und Analverkehr nicht mehr strafbar.

2005/2006 läuft **Sugar Rush** auf Channel 4. In der Serie nach dem Roman von Julie Burchell verdreht Heteromädchen Sugar (Leonora Critchlow) der 15-jährigen Kim (Olivia Hallinan) den Kopf.

Im Februar **2005** ist der erste **LGBT History Month**, ausgerufen von Sue Sanders (Professorin emerita des Harvey Milk Institute) und Paul Patrick. Ursprünglich war es ein Projekt der LGBT-Bildungsorganisation **Schools Out** (1974 als **Gay Teachers' Group** gegründet).

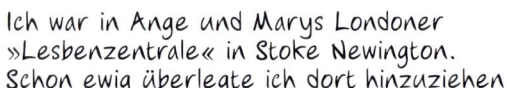

2006 – 2010

2006 senkt Isle of Man das Schutzalter und schafft Artikel 28 ab.

2007 ist laut Gleichberechtigungsgesetz Diskriminierung wegen sexueller Orientierung im Handels- und Dienstleistungssektor sowie im öffentlichen Bereich unzulässig.

2007 gelten diese Richtlinien jedoch **nicht für katholische Organisationen**.

2007 können in Schottland alle Paare Adoptiv- oder Pflegeeltern werden.

Little Britain

Comedyserie mit David Walliams und Matt Lucas, die unterschiedliche Figuren verkörpern, so wie Emily, Florence und Daffyd Thomas, »den einzigen Schwulen im Ort«.

Trans Rights are Human Rights

DER 31. MÄRZ 2009 IST DER ERSTE TAG DER TRANS*SICHTBARKEIT.

2009 outet sich der walisische Rugby-Star Gareth Thomas (geb. 1974). Er ist der **erste Topsportler**, der dies während seiner Karriere tut.

2007 startet die *Get over it*-Kampagne von Stonewall, die homo-, bi- und transphobes Mobbing in Schulen angehen will.

LESBIAN VISIBILITY DAY
26. April

Der Gedenktag kommt aus den USA und für ihn steht oft diese Flagge — umstritten, denn sie »repräsentiert eher feminin gelesene Lesben«. Eine Flagge passt eben nicht für alle.

Andere bevorzugen als Zeichen der Wahl Regenbogenvarianten, zwei gekoppelte Venussymbole oder auch die Labrys, die Doppelaxt des minoischen Matriarchats.

2007 stirbt George Melly (geb. 1926), bisexueller Jazz- und Bluessänger, Kritiker, Autor, Dozent und Surrealismus-Begeisterter.

2004–2009 thematisiert die US-TV-Serie *The L-Word* ernste Themen, fast ohne Butchs oder Labrys zu zeigen.

2007 werden Patrick Harvie, Margaret Smith, Ian Smith und Joe FitzPatrick, alle offen schwul, lesbisch bzw. bi, in das schottische Parlament gewählt.

2008 können laut Gesetz über Humanbefruchtung und -embryologie alle Paare Eltern von aus gespendeten Eiern, Spermien oder Embryos gezeugten Kindern sein.

2010 kommt zum Gleichberechtigungsgesetz die Geschlechtsangleichung als Schutzkriterium hinzu.

2010 tritt der neue Straftatbestand »Anstiftung zu homophobem Hass« in Kraft.

Mitgründerin PHYLL OPOKU-GYIMAH

BLACK PRIDE
UKBLACKPRIDE.ORG.UK

2006 startet **UK Black Pride** nach einem Treffen Hunderter lesbischer und bisexueller Frauen 2005 in Southend-on-Sea, wo sie ihre lange und stolze Geschichte feierten.

2009. David Shenton und ich hielten schon eine Zeit lang ab und zu Vorträge, manchmal in der Kleidung unserer Cartoonhelden: David als Stanley, ich als Auntie Studs.

»Vor langer Zeit …«

»… merkten David und ich:«

»Wir haben aus Versehen die LGBT-Geschichte«

»von 1970 bis heute dokumentiert!«

Und später in dem Jahr

»Hättest du Lust, bei einer Ausstellung mitzumachen?«

»In Glasgow?«

Die Glasgower **Gallery of Modern Art** thematisierte alle zwei Jahre soziale Gerechtigkeit und Menschenrechte in der zeitgenössischen Kunst. 2009 widmete sich **shOUT** schwullesbischer, Transgender- und Intersex-Kultur und machte Furore.

2010 wurde unsere Ausstellung **Drawn Out and Painted Pink** auch in der Londoner Drill Hall gezeigt.

»Ratsmitglieder beklagen »Sex, Blasphemie, Perversion«.«

»Schulen wird davon abgeraten, Künstler zensiert …«

»Aber nichts zu unseren Sachen.«

»Fast 'ne Beleidigung.«

»Was wurde aus »Jugendschädigung durch Comics«?«

»WILLKOMMEN, BIENVENUE, WELCOME!«

288

APRIL 2010, LEITH

DEZEMBER 2011, EDINBURGH

Unsere Nachbarin und Chormitglied Margot klingelte bei uns.

"Kate! Annie Garven ist tot!"

"Ein Unfall. Sie ist auf der Treppe gestürzt."

"Weg."

Loud and Prouds weiblicher Tenor.

AHNENFORSCHERIN
LEBEFRAU
ORNITHOLOGIN
FLANEURIN
HUMORISTIN

Annie mit der Whiskystimme.

Annies Schwester Jane suchte in der Schottischen Poesie-Bibliothek ein Gedicht für die Beerdigung.

"Fiere guid nicht – Gute Nacht, Freund von Jackie Kay."

"Das ist es."

FIERE: FREUND*IN, GEFÄHRT*IN

Als Jane das Gebäude verließ, kam Jackie gerade.

Jackie Kay. Dichterin, Autorin, Mutter, Lesbe.

Jane erzählte alles.

"... und das hier ist perfekt."

"Wie wär's, wenn ich es aufnehme?"

FIERE
JACKIE KAY

Wir sangen. Jackies Aufnahme von *Fiere Guid Nicht* lief.

Annie wäre begeistert.

... Sonnenuntergang und Abendstern
und klare Aufforderung an mich.
Und möge die Stange nicht greinen,
wenn ich in See steche ...

... Die guten Träume schweben leise hinab,
wie an einem Mobile,
und du schläfst ein, meine Freundin, meine Liebe,
und wendest, wendest dich langsam zum Licht:
gut' Nacht, fiere, fiere, Good Nicht.

Annies Familie stiftete eine schöne Sitzbank in ihrem Namen.

Sie wurde genau ein Jahr nach Annies Tod am Welt-AIDS-Tag in einem Souterrain in Mansfield Place, Edinburgh aufgestellt. An diesem Tag sang Annie regelmäßig mit **Loud and Proud** in der von **Waverley Care** veranstalteten HIV-/AIDS-Benefizveranstaltung gegen das Vergessen.

In ebendiesem Jahr 2012 wurde Jackie Kay Schirmherrin von **Loud and Proud**.

Und 2016 wurde Jackie zur **Makar** ernannt — zu Schottlands Nationaldichter*in.

Zum letzten Mal sang Annie mit dem Chor: bei einer Aufnahme zum 90. von Ma.

Oh!

... zum Geburtstag, liebe Jo-oan ...

2014 trat der **Marriage (Same-Sex Couples) Act 2013** in England und Wales in Kraft.

Überragendes Ergebnis von jahrzehntelangem Kampf für LGBT-Gleichberechtigung und Menschenrechte

und sich wandelnder Ansichten.

Ein »Niemals in unser aller Leben« wurde Realität.

Das Verbot gleichgeschlechtlicher Ehe wurde 1971 verhängt. Im Ehegesetz von 1949 war das Geschlecht der Partner*innen nicht festgelegt.

2015 führte Irland nach einem Referendum mit 62% Ja-Stimmen die gleichgeschlechtliche Ehe ein.

In Nordirland wurde sie erst 2020 anerkannt.

LARRY LAMONT UND JERRY SLATER FEIERN VOR DEM SCHOTTISCHEN PARLAMENT, ALS ES DEN MARRIAGE AND CIVIL PARTNERSHIP (SCOTLAND) ACT VERABSCHIEDET

4. Februar 2014 — Das schottische Parlament stimmt mit 105:18 dafür. Die ersten Ehen werden im Dezember des gleichen Jahres vollzogen.

1. Seit **2017** erhält man in Schottland bei erhöhter Ansteckungsgefahr die »alles verändernde« HIV-Medikation PrEP über den National Health Service.

2. **2017** verfügt Großbritanniens Oberster Gerichtshof das sofortige Ende der Diskriminierung gleichgeschlechtlicher Paare bei Rentenansprüchen.

3. **2017** begnadigt die Regierung alle im 20. Jahrhundert nach dem Sexualstraftatengesetz verurteilten Bisexuellen und Schwulen.

4. **2018** empfiehlt die Regierung das Verbot der Konversionstherapie, die Homosexualität »heilen« soll.

5. **2018** ist Nordirland das letzte Land der Britischen Inseln ohne Gleichberechtigung bei der Eheschließung.

6. **2018** wird Schottland *das erste Land der Welt*, in dem LGBTQI-Gleichberechtigung in allen staatlichen Schulen gelehrt wird.

7. Seit **2019** steht *Civil Partnership* allen Paaren als *Möglichkeit* offen.

12. JUNI 2016 FLORIDA, USA

ORLANDO

49 TOTE UND 53 VERLETZTE BEIM ATTENTAT AUF DEN GAY CLUB PULSE

2018 eröffnet das Musical *Fun Home* in London. Es basiert auf der *Graphic Novel* der legendären *Alison Bechdel*.

2018: INDIEN ENTKRIMINALISIERT HOMOSEXUALITÄT

2017 erfreut die offen lesbische Comedian Susan Calman mit Kevin Clifton zehn Wochen lang die Nation in *Strictly Come Dancing!**

* DT. PENDANT: LET'S DANCE

2019: ERSTE AUSSTELLUNG ZU SCHWARZER HOMO-SEXUELLER KULTUR

OUTSIDE EDGE
LONDON

Fußnoten

Zumeist wird in diesem Buch das Akronym LGBT verwendet, auch wenn es gegebenenfalls nicht für die jeweilige Zeit oder Umstände ganz korrekt ist. Aber es passt so schön in die Sprechblasen.

S. 2–3

1 Marguerite Radclyffe Hall (1880–1943). Autorin von *Quell der Einsamkeit* (1928). Ein Richter fand das Buch obszön, es verteidige »unnatürliche Praktiken zwischen Frauen«. Darin nur ein Kuss und der unsterbliche Satz: »Und in dieser Nacht waren sie nicht getrennt.«

2 Edward Carpenter (1844–1929). Sozialist, Dichter, Philosoph und früher Gay-Rights-Aktivist. Er lebte offen mit dem jüngeren George Merrill aus der Arbeiterklasse.

3 Gluck (Hannah Gluckstein, 1895–1978). Nicht-genderkonforme britische*r Maler*in.

4 Naomi Jacob (Mickie, 1884–1964). Produktive Autorin und Fernsehmoderatorin. Freundin von Radclyffe Hall und deren Partnerin Una Troubridge.

5 Anne Lister (1791–1840). »Gentleman Jack«, Gutsbesitzerin in Yorkshire, Reisende, Tagebuchverfasserin, offen lesbisch.

6 Frankie Howerd (1917–1992). Witzig und camp, nicht geouteter Comedian und Schauspieler.

7 Die Ladies von Llangollen: Eleanor Butler (1732–1829) und Sarah Ponsonby (1755–1831). Nach der Flucht aus ihren ungewollten irischen Ehen lebten sie im nordwalisischen Llangollen. Dorthin kam berühmter Besuch — Anne Lister. Zu Ehren der gefeierten Promis wurden in beträchtlichem Umfang Souvenirs (wie diese Teetasse) angefertigt.

8 Oscar Wilde (1854–1900). Der Dichter und brillant-witzige Theaterautor begann eine Affäre mit Lord Alfred »Bosie« Douglas, dessen Vater ihn der Homosexualität bezichtigte. Wilde klagte und wurde, nachdem er vor Gericht sein Privatleben offenlegen musste, verhaftet. Wegen »grob unsittlichen Verhaltens« leistete er zwei Jahre harte Zwangsarbeit (1895–1897) und starb im Pariser Exil als gebrochener Mann.

S. 91 Minorities Research Group-Mitgliedskarte aus dem Jahr 1965 von »Miss Mary McIntosh« und »Miss Elizabeth Wilson«.

S. 99 Grim's Dyke: Haus und Grundstück in Harrow Weald, wo Sir W. S. Gilbert lebte.

S. 231 Die Zitate stammen aus Thatchers Rede beim Parteitag der Conservative Party 1987.

S. 232 Claws (Klauen): Artikel 28 hieß Klausel 28, bevor er Gesetz wurde.

S. 233 Das lange Leittransparent trugen auch Ian McKellen und Michael Cashman.

S. 234 Invaded! Die BBC Six O'Clock News enternden Lesben gibt es auf YouTube.

S. 235 Clause (Klausel) 29: Die Nummerierung der Klausel änderte sich mehrmals. Es war für Demonstrierende, Cartoonist*innen und andere nicht leicht, auf Stand zu bleiben.

S. 246 Zitat des homophoben US-amerikanischen Predigers Pat Robertson, 1992.

S. 262 *The Archers*, die längste Radio-Soap der Welt: »Adam und Ian« (2006 verpartnert, 2015 geheiratet) hoffen jetzt auf das Kind einer Leihmutter. 2016 gab es nur kurz »Anna Tregorran« — nachdem mit ihrer Freundin Max Schluss war, brach ihr Herz. Natürlich.

S. 282 Ellen Galford: Autorin lesbischer Romanklassiker wie z. B. *Moll Cutpurse*, *Queendom Come* und *The Dyke and the Dybbuk*.

S. 287 Jackie Cockle ist dreifache BAFTA-Gewinnerin. Für *Bob der Baumeister* und zweimal für *Timmy das Schäfchen*.

S. 288 Dianne (Barry) und Julie Ballands arbeiten mit jungen Menschen am digitalen Erzählprojekt *Our Vivid Stories* für LGBT Youth Scotland und OurStory Scotland als Teil der Ausstellung *shOUT!* der Gallery of Modern Art in Glasgow.

S. 298 Die nach Marguerite Radclyffe bzw. Edward benannten Hall-Carpenter Archives sind die größte Sammlung des nationalen Aktivismus.

S. 294 *Dotter of Her Father's Eyes* von Bryan und Mary Talbot erhielt 2012 den Costa Biography Prize — als erster Comic überhaupt.

S. 306 *Last Tango in Halifax* von Sally Wainwright lief von 2012 bis 2016 bei BBC-TV. Mit Derek Jacobi, Anne Reid und Sarah Lancashire. Spoiler Alert: Eine Lesbe stirbt. Mal wieder.

S. 315 Pride-Flaggen: 1 Bären 2 Bi 3 Trans* 4 Global Majority mit acht Streifen 5 Leder-/BDSM-Subkultur 6 Nichtbinär 7 Genderfluid ... um nur einige abzubilden.

Und: »She wears SENSIBLE FOOTWEAR«, der Originaltitel dieser Graphic Novel, ist eine beliebte Umschreibung für Frauen, die LESBEN sind oder so aussehen, als wären sie's.